Die Deutsche Wehrmacht im II. Weltkrieg

Tatsachen - Berichte - Dokumente

A. Buchner

Die Gespenster-division

1940 - Erwin Rommels Panzer im Frankreich-Feldzug

2. Auflage

Umschlagentwurf und -gestaltung: Werbeagentur Zeuner, Ettlingen
Titelillustration: Archiv VPM
Auslieferung in Österreich:
Pressegroßvertrieb Salzburg Gesellschaft m.b.H.,
Niederalm 300, A-5081 Anif
Printed in Germany 1991
Druck und Bindung: Elsnerdruck, Berlin
ISBN 3-8118-6080-1 (60er-Kassette)

Vorwort

„In Europa gingen die Lichter aus“ – zum zweitenmal in der ersten Hälfte des 20. Jahrhunderts –, nachdem Hitler in seiner Eigenschaft als deutscher Staatschef und militärischer Oberbefehlshaber am 1. September 1939 den Angriff gegen Polen befohlen hatte und nach erfolglos abgelaufenen Ultimaten dem damaligen 3. Deutschen Reich von England und Frankreich der Krieg erklärt worden war.

Der Feldzug gegen Polen endete bekanntlich mit dem ersten „Blitzsieg“ der deutschen Streitkräfte, und ab April 1940 folgte – nach gleichartigen westalliierten Versuchen, an der „Nordflanke Europas“ Fuß zu fassen – die Besetzung Norwegens und Dänemarks durch deutsche Truppen.

Einen Monat später bewahrheitete sich dann jene düstere Prognose eines prominenten französischen Militärs, der 1919 den im gleichen Jahr abgeschlossenen Vertrag von Versailles – wohl im Hinblick auf die für die besiegten Deutschen praktisch unannehmbaren und entwürdigenden Bedingungen – als einen „Waffenstillstand auf 20 Jahre“ bezeichnet hatte.

Wieder begann ein Krieg zwischen den beiden Nachbarländern, und nach dem 10. Mai 1940 wurden die Schlachtfelder des I. Weltkrieges erneut zu Stätten schwerer Kämpfe. Doch dieses Mal kam es zu keinem Stellungskrieg wie Jahrzehnte zuvor etwa in der Landschaft um Verdun mit dem heißumkämpften Fort Douaumont, wo einmal Zehntausende von Soldaten beider Seiten im Trommelfeuer ihr Leben verloren hatten. Die neue deutsche Taktik der Panzerkeile bestimmte jetzt den Verlauf der Kampfhandlungen, wobei bis dahin nie für möglich gehaltene Erfolge errüngen wurden.

So vor allem von der 7. Panzerdivision (PD) unter ihrem Kommandeur Erwin Rommel, deren Durchbruch durch die verlängerte Maginot-Linie im Raum Maubeuge den weiteren Verlauf des Kriegsgeschehens maßgeblich beeinflussen sollte. Es handelte sich hierbei um einen der ersten völlig unorthodoxen, den Gegner in Verwirrung setzenden strategischen Schachzüge des späteren Generalfeldmarschalls, dem er 1941/42 – vom Gegner nunmehr „Wüstenfuchs" genannt – auf dem nordafrikanischen Kriegsschauplatz noch manche ähnliche folgen lassen sollte.

Wie sich die von ihm geführte 7. PD in jenen Tagen den – ebenfalls von der damaligen Feindseite stammenden – Beinamen „Gespensterdivision" erworben hatte, wird im vorliegenden Band nach Gefechts- und Augenzeugenberichten noch einmal vergegenwärtigt.

Man konnte nicht gerade sagen, daß in den Vormittagsstunden des 16. Mai im Divisionsstab der 7. Panzerdivision (PD) gute Laune geherrscht hätte. Dabei wäre eigentlich Grund dazu gewesen, denn die stark ausgebauten französischen Maasstellungen zwischen Dinant und Houx waren rascher als erwartet durchbrochen worden. Des weiteren hatte man den Feind trotz heftiger und tapferer Gegenwehr unter fortwährenden Kämpfen bis zum gestrigen Abend geschlagen und verfolgt. Die 7. PD stand, den anderen Divisionen weit voraus, bereits 45 Kilometer südlich der Maas.

Somit hätte der Divisionskommandeur, Generalmajor Erwin Rommel, wohl zufrieden sein können. Dennoch wurmte es ihn, daß es nicht weiterging, jedenfalls nicht so, wie er sich das vorstellte.

Sein I. Generalstabsoffizier (Ia), Major Hekamp, hingegen war froh, daß es heute anscheinend einen ruhigeren Tag geben würde. Die Truppe, die nun fast eine Woche harter Kämpfe hinter sich hatte, konnte eine Pause mehr als gut brauchen. Und außerdem war nun endlich auch wieder einmal Rommel im Stabsquartier anwesend und nicht – wie meistens – vorn bei den Panzern und dort kaum aufzufinden. Und er als Ia hatte dann praktisch die ganze Division zu führen – natürlich im Sinne des Kommandeurs, dessen Absichten er meist mehr erraten mußte, als daß sie ihm mitgeteilt worden wären. Man hatte es nicht ganz leicht mit ihm, dem neuen Kommandeur der 7. Panzerdivision, denn Rommel stellte gewiß keinen bequemen Vorgesetzten dar.

Wie dem auch war – an diesem Vormittag ging der Generalmajor mit unruhigen, schnellen Schritten, die seinen inneren Ärger deutlich verrieten, im Zimmer auf und ab. Zwischendurch knurrte er etwas vor sich hin oder stellte abrupte, abgehackte Fragen, die der Major, der sich bereits an diese Art gewöhnt hatte, ebenso rasch und knapp beantwortete.

Wieder zwischen ein paar Schritten stieß Rommel heraus:

„Ist bei den Einheiten aufgetankt und aufmunitioniert?"

„Jawohl, die Betriebsstoff- und Munitionskolonnen sind bereits von vorn wieder zurück."

Schon kam Rommels nächste Frage:

„Was macht der Feind?"

Hekamp zögerte einen Moment, und er wußte auch, warum. Die Antwort mußte den Ärger des Generalmajors noch steigern. Dann sagte er vorsichtig:

„Nach Fliegermeldungen marschieren den ganzen Vormittag über die geschlagenen Truppen der französischen 9. Armee hinter die befestigte Grenzzone zurück. Dahinter geht wieder ihre Artillerie in Stellung."

„Da haben wir's", brauste Rommel auf. „Jetzt sofort müßte man nachstoßen, den an der Maas errungenen Erfolg entschlossen weiter ausnützen, den Gegner nicht mehr zur Ruhe kommen lassen, ehe er sich wieder ordnen und zu neuem Widerstand festsetzen kann. Einfach hinterher mit allen Kräften!"

Aber mit dem „Hinterher“ hatte es sich was, und der Grund, warum es nicht vorwärts ging, war die Ursache für Rommels üble Laune. Denn der obersten deutschen Führung waren mit einemmal Bedenken gekommen. Sie schien durch den bisherigen schnellen Vormarsch so überrascht zu sein, daß sie zu zögern und das Tempo zu bremsen begann.

Sie fürchtete anscheinend um die noch offenen Flanken der tiefen Einbruchsräume jenseits der Maas. Auch bei der 7. Panzerdivision sollte erst wieder angetreten werden, wenn vor allem die Flanke im Norden gesichert war, damit von dort kein französischer Gegenangriff erfolgen konnte.

Rommel interessierte das Zaudern der hohen und höchsten Führung wenig. Er wollte weiter, dem Gegner auf den Fersen bleiben. Dieses Anhalten und Abwarten hier in der erreichten Gegend westlich der Maas behagte ihm ganz und gar nicht.

Er war selbst schon in den Morgenstunden beim vorgesetzten XI. Korps gewesen, aber der „Kommandierende“ (General) berief sich auf einen Befehl der 4. Armee. „Noch abwarten“, lautete dieser, bis der linke Nachbar, die 5. Panzerdivision, aufgeschlossen hatte und die Sicherung nach Norden übernehmen konnte.

Wiederum hielt er in seiner ruhelosen Wanderung inne.

„Und unsere Aufklärung, die wir bereits angesetzt haben, was meldet die?“

„Stieß dicht jenseits der französischen Grenze auf starke Abwehr, steht aber nun vor der sogenannten verlängerten Maginot-Linie. Ein mit Panzerspähwagen geführter Aufklärungsvorstoß gegen das eineinhalb Kilometer davor befindliche Dorf Clairfayts ist gescheitert."

Mit einem langen Schritt stand Rommel vor der an die Wand gehefteten 100 000er Karte.

„Lassen Sie sehen – wo ist Clairfayts?" Er suchte einen Moment, hatte den Punkt gefunden und nickte kurz.

„Ah, hier westlich von Sivry", sagte er lebhaft. „Das ist genau der Ort, den müssen wir haben. Über Clairfayts verläuft in unserem Gefechtsstreifen die einzige größere Straße durch den befestigten französischen Grenzraum. Und hier wollen wir durch. Also muß das Dorf genommen werden, und das so schnell wie möglich. Ist das klar? Geben Sie den Befehl dazu an die Panzeraufklärungsabteilung 37."

Der Major und Ia glaubte, nicht recht gehört zu haben. Gut – Clairfayts war zu nehmen, das ging in Ordnung. Aber was sollte es mit der von dort ausgehenden Straße? Ein vorgesehener Angriff gegen die französischen Bunkerlinien konnte doch nur auf breiter Front erfolgen, und das nach eingehender Erkundung, Aufklärung, Bereitstellung und massiertem Artillerie- und Fliegereinsatz. Überhaupt – dazu mußte Infanterie her und keine Panzerdivision. Das hatte es bisher noch nie gegeben, daß Panzer eine Festungsfront angegriffen hatten.

Diese Gedanken wirbelten Major Hekamp blitzschnell durch den Kopf, dann machte er ein erstauntes Gesicht und fragte gutgläubig:

„Herr General, Sie wollen doch nicht etwa auf dieser einen und einzigen Straße durchbrechen? Zunächst müssen wir ja überhaupt erst abwarten, welche Befehle wir bekommen und wie alles weitergehen soll."

Rommel, der noch immer vor der Karte stand, wandte sich seinem Ia ruckartig zu.

„Genau das will ich“, meinte er ungnädig, „oder haben Sie was dagegen?“

Er drehte sich wieder gegen die Wandkarte, studierte sie lange und schweigend, und in seinen Gedanken begann der von ihm geplante Angriff offenbar bereits Form und Gestalt anzunehmen:

„So . . . und so . . .“, murmelte er vor sich hin, „ja, so könnte es, so muß es gehen . . .“

Der Ia, der Rommel bereits gut genug kannte, kam zu der Überzeugung, daß dieser tatsächlich etwas gegen die starken feindlichen Grenzbefestigungen unternehmen wollte. Und dazu mußte er ja nun wohl Stellung nehmen, das war seine Pflicht und Aufgabe als Führungshilfe des Divisionskommandeurs.

Er stand auf, trat neben Rommel, deutete mit dem Zeigefinger auf der Karte da- und dorthin und begann seine Erläuterungen.

„Sehen Sie“, sagte er, und seine Stimme klang ruhig und fest, „hier . . . und hier . . . stehen wir der verlängerten Maginot-Linie gegenüber. Es ist dies zwar nicht mehr der gigantische Festungswall wie bis in die Gegend Luxemburgs – aber immerhin sind es auch hier drei hintereinandergestaffelte Verteidigungslinien. Soweit bisher von Gefangenen bekannt, durch unsere Aufklärung erkundet und durch Luftbeobachtung festgestellt, handelt es sich dabei um teilweise starke Werke mit zahlreichen Hindernissen . . .“

Rommel wischte alle weiteren Erörterungen mit einer Handbewegung beiseite.

„Was soll's? – Befestigungslinien sind dazu da, daß sie durchbrochen werden. Wir werden sie durchbrechen, und zwar mit einer starken, schnellen Vorausabteilung", schloß er hart und bestimmt.

Jetzt glaubte Major Hekamp wirklich, nicht recht gehört zu haben. Wenn er nicht Soldat gewesen wäre, hätte er nun die Hände über dem Kopf zusammenschlagen müssen. Aber gerade weil er Soldat war, wußte er, daß diese Absicht seines Kommandeurs allen Führungsvorschriften und Kriegsschulregeln absolut widersprach.

„Herr General – Vorausabteilung, das ist doch etwas für die Verfolgung, aber nicht für den Durchbruch einer Festungsfront", versuchte er nochmals einen Einwand, aber Rommel fertigte ihn brüsk ab:

„Die Division führe ich, und zwar von vorn! Sie hier hinten halten mir den Schreibkram vom Hals und kümmern sich darum, daß bei den in Reserve befindlichen Einheiten und rückwärtigen Divisionsteilen alles wie am Schnürchen klappt und abläuft. Und jetzt stören Sie mich nicht mehr!"

Während sich der Ia beleidigt wieder hinter seinem Schreibtisch niederließ, setzte der Generalmajor seine ruhelose Wanderung fort.

Noch immer stand jedoch eine Nachricht vom Korps aus, noch immer hieß es abwarten, noch immer mußte er mit seiner Division stillhalten.

Das Mittagessen beim Divisionsstab verlief kurz und einsilbig, denn Rommel war kein Freund von großen Tafelfreuden und lauter Geselligkeit. Und heute bei seiner schlechten Laune schon gar nicht. Nach dem Essen zog er sich für eine Stunde zur Ruhe zurück – mit der ausdrücklichen Anweisung, ihn sofort zu wecken, wenn sich in dieser Zeit etwas Besonderes ereignen sollte. Er ahnte dabei noch nicht, daß dieser Tag, der so mißlich begonnen hatte, noch mit einem spektakulären Erfolg enden würde: mit einer Leistung, die seinen Ruhm als Panzerführer endgültig begründen sollte.

Genau um 14.30 Uhr ließ der Ia den Generalmajor wieder wecken.

„Durch einen kombinierten Schützen- und Panzerangriff“, meldete er „wurde in den Mittagsstunden der Ort Clairfayts genommen. Ein weiterer Aufklärungsvorstoß aus dem Dorf heraus gegen die erste Werklinie ist allerdings gescheitert, vier Panzer wurden dabei abgeschossen.“ Er betonte dies, als wollte er damit sagen. „Also hab’ ich doch recht, daß da mit Panzern nichts auszurichten ist.“

Aber Rommel nickte nur. „Gut – also die Ausgangsbasis haben wir.“

Der Major war aber noch nicht fertig, und er hatte noch eine Überraschung bereit.

„Soeben“, fuhr er fort, „hat das Korps nach erneuter Rücksprache bei der Armee grünes Licht gegeben. Der Befehl für heute zum Durchbruch durch die verlängerte Maginot-Linie ist eingegangen. Fortsetzung des Angriffs am morgigen Tag mit dem beschränkten Ziel Avesnes. Die 5. Panzerdivision deckt nach Norden und Nordwesten unsere rechte Flanke.“

„Na endlich – wurde auch höchste Zeit!“

Rommel war offenbar zufrieden und ungeduldig zugleich. Und da er kein Freund von großen und langen Stabsbesprechungen war, machte er sich bereits fertig.

„Worauf warten wir also noch, Hekamp? Machen Sie Ihre Sache mit dem Divisionsstab wie bisher, so daß ich mich darauf verlassen kann – melden Sie mir, halten Sie Verbindung, sorgen Sie für rechtzeitigen Nachschub, na, Sie wissen schon. Ich bin ab jetzt wieder vorn bei der Truppe, Sie werden sehen – wir werden es schon schaffen."

Rommel hatte es eilig, als könnte er es kaum mehr erwarten. Er war schon auf dem Weg zu seinem Befehls- und Funkspähwagen, der ständig fahrbereit draußen wartete. Wer weiß, wann wir ihn wiedersehen, dachte der Ia, der dem abfahrenden großen Achtrad-Spähpanzer nachsah. Der Generalmajor hatte leicht reden. Er war wieder weg, der Stab hing – wie schon öfter – „in der Luft", und er sollte nun hinten wieder führen und ahnen und fühlen, wie und was der Divisionskommandeur vielleicht gerade plante, dachte und wollte.

Nein, dieser Generalmajor Rommel war wirklich kein leichter Vorgesetzter.

Bis zu diesem Tag, dem 16. Mai 1940, hatte die 7. Panzerdivision mit ihrer Masse den Raum Philippeville-Cerfontaine erreicht. Die Panzeraufklärungsabteilung 37 (Pz. A. A. 37) befand sich bereits bei Froid Chapelle und stand damit schon nahe vor der französischen Grenze, die durch die verlängerte Maginot-Linie geschützt wurde. Diese war zwar nicht so gewaltig wie die Hauptlinie, aber auch sie genügte, um einen Angreifer für längere Zeit aufzuhalten.

Die eigentliche Maginot-Linie, die sich durch das Elsaß, am Saargebiet und an Luxemburg vorbeizog, endete etwa in der Nähe von Longwy. Hier wurde sie nun durch eine Abwehrzone verlängert, die erst nach Kriegsbeginn in aller Eile längs der französisch-belgischen Grenze errichtet worden war. Die Hauptstützpunkte dieser tiefgestaffelten Befestigungen, in Wälder, Bachläufe und Ortschaften einbezogen, bildeten betonierte Werke mit mehreren großen Scharten, mit schweren Maschinengewehren und Panzerabwehrkanonen bestückt.

Etwa alle 100 bis 300 Meter stand solch ein großer, doppelgeschossiger Bunker, teilweise auch mit drehbaren Panzerkuppeln versehen. 27 Stück waren es insgesamt, die später im Angriffsstreifen der Division gezählt wurden – alle tief in die Erde gebaut, gut getarnt und bewachsen, so daß sie aus der Ferne wie kleine, mit Gras und Büscheln bestandene Hügel aussahen.

In etwa eineinhalb Kilometer Abstand befand sich eine zweite Bunkerlinie, und in ca. sechs Kilometer Entfernung gab es eine dritte. Dahinter stand die französische Artillerie.

Im Zwischengelände aber befanden sich zahlreiche kleinere Verteidigungsanlagen: Feldstellungen, Schützengräben, MG- und Pak-Nester.

Vor, neben und zwischen den Kampfanlagen waren ausgedehnte, dichte Hindernisse und Sperren aller Art angelegt worden. Da gab es lange und breite Stacheldrahtverhaue, versteckte Minen, tiefe Tankfallen und weite Panzergräben, die flankierend aus den Bunkerscharten mit Feuer bestrichen werden konnten. Starke Eisenbahnschienen, die in Form von Eisenigeln zusammengeschweißt und in den Boden verankert worden waren, sperrten zusammen mit Minenriegeln die durch das befestigte Gebiet führende Straße.

Dieser starke Sperrgürtel war von Truppen der französischen 101. Festungsdivision besetzt.

Aus der Ferne betrachtet, sah dies alles – soweit es nicht versteckt und verborgen war – im Grün der Wiesen, Büsche und Bäume unscheinbar, ja fast harmlos aus. Aber diese wie kleine Erdhügel aussehenden, bewachsenen Bunker konnten jederzeit zu feuerspeienden Festungen werden.

Und sie wurden es . . .

Bereits seit 04.00 Uhr morgens ist die Pz. A. A. 37 mit ihren Schwadronen weit vor der noch anhaltenden Division unterwegs, um gegen die verlängerte Maginot-Linie aufzuklären und zu erkunden.

Die ersten, die wieder weit voraus stehen, sind die gepanzerten leichten Spähtrupps.

Unteroffizier Hartmut* hatte – seitdem ihr Zugführer vor wenigen Tagen bei der Brückensprengung von Houx den Tod fand – den Spähzug 2 übernommen.

Seine drei leichten Vierrad-Panzerspähwagen stehen marschbereit hintereinander, warten auf das Signal zum Anfahren.

Hartmut steht hochaufgerichtet im ersten Wagen, macht noch ein paar Züge aus seiner Zigarette, wirft den Stummel dann in hohem Bogen über Bord.

„Also dann“, sagt er zu den zwei Männern seiner Be-

* Alle Namen, außer solchen von Persönlichkeiten der Zeitgeschichte, sind frei gestaltet.

satzung, „los und ab dafür!“ Dabei hebt er die rechte Hand hoch und stößt sie als Zeichen für die beiden anderen Spähpanzer ein paarmal auf und nieder.

Der Spähzug 2 rollt an.

Sie hatten die Hälften des Schutzgitters oben am kleinen Turm hochgeklappt, um besser beobachten zu können. Aber ringsum ist alles still und ruhig, weit und breit kein Mensch zu sehen, nichts zu entdecken. Nur ein zerschossener französischer Panzerwagen, der noch in der vergangenen Nacht von den eigenen sichernden Panzern außer Gefecht gesetzt worden war, liegt schräg im Straßengraben. Nun, das ist kein besonderer Anblick mehr. Es gehört sozusagen schon zum alltäglichen Bild – haufenweise stehen zerschossene und ausgebrannte schwere französische Tanks auf und seitlich der Straße Philippeville–Cerfontaine, auf der das Panzerregiment 25 vorgestoßen war.

„Wohin die nur alle verschwunden sind? Gestern hat es doch noch überall gewimmelt von Franzosen.“ Bradler, Gefreiter und Funker, sieht den Unteroffizier fragend an.

Hartmut macht ein verdrießliches Gesicht.

„Die haben sich bestimmt irgendwo in eine starke Stellung zurückgezogen und lassen uns dort auflaufen. Dann wird es Schluß und aus sein mit dem schnellen Vormarsch.“

Aber zunächst sieht es nicht danach aus. Nach einiger Zeit steht am Straßenrand ein rundes, blaues Schild, das auf die französische Grenze hinweist. „Jetzt geht’s schon nach Frankreich“, sagt Rolf Stammer, der Fahrer, laut in das Brummen des Motors hinein, „aber von ’nem Empfangskomitee ist nichts zu sehen.“

„Ehrenjungfrauen wär’n mir lieber“, meint Bradler.

„Laßt eure dummen Sprüche“, weist sie der Unteroffizier zurecht, „und paßt lieber auf, daß wir nicht gleich einen Feuerstoß verpaßt bekommen und in die Hölle fahren!“

„Was haben wir denn heut’ für einen Tag?“ fragt Bradler unvermittelt. Und als Hartmut antwortet: „Freitag“, da kratzt sich der Gefreite am Kinn.

„Hoffentlich wird das kein schwarzer Freitag für uns, hab’ schon seit dem Aufwachen so ein komisches flaues Gefühl im Magen . . .“

„Mann, bist du abergläubisch“, schüttelt Stammer den Kopf.

„Und wie war das mit unserem Zugführer, mit Leutnant Gritz, he? Den hat’s mit seinem Spähwagen auch an einem 13. erwischt, als er in die Maas stürzte.“

„Jetzt haltet gefälligst die Klappen, verdammt noch mal!“ fährt Hartmut dazwischen und befiehlt anzuhalten.

„Zweiter und dritter Wagen nach links und rechts sichern!“ gibt er dann durch.

Der Spähzug verhält. Ein schmaler Bach bildet die Grenze, dahinter ein kleines Dorf.

Da fällt Unteroffizier Hartmut etwas auf: Ein Haufen dieser kastenförmigen französischen Minen liegt herum, etwa ein Dutzend, im Wasser des Baches und an den Ufern.

„Sollen das die ganzen Sperren sein?“ murmelt

Bradler ungläubig. „Und wo sind die Verteidiger? Hoffentlich lauert da nicht noch was auf uns."

Hartmut überlegt, doch als gleich darauf zwei Kradschützengruppen der Abteilungsspitze auftauchen, läßt er wieder anfahren. Vorsichtig weichen sie den anscheinend in aller Eile offen verlegten Minen aus, gewinnen das jenseitige Ufer und geben ein paar Warnungsschüsse in das wie tot liegende Dorf hinein ab. Aber nichts regt sich dort.

Die Kradschützen sind schon von ihren Maschinen abgesessen, und unter dem Feuerschutz der Panzerspähwagen durchsuchen sie rasch die Häuser. Eine Viertelstunde später haben sie zahlreiche Franzosen aus den Kellern geholt: zurückgebliebene Soldaten der französischen Nachhut, die sich bereits wieder abgesetzt hatte.

Ohne langen Aufenthalt rollt der Spähzug weiter. Wieder breiten sich rechts und links der Straße Wiesen und Felder aus, und nichts geschieht.

Das erste französische Dorf bleibt hinter ihnen zurück.

„Wie hat das Nest geheißen?" erkundigt sich Bradler.

„Hestrud oder so ähnlich", gibt Stammer zurück und grinst. „Und was ist jetzt mit deinem komischen Gefühl, von dem du geschwafelt hast?"

„Wartet's ab", entgegnet der Gefreite eigensinnig, „noch ist lange nicht Abend."

Später taucht dann ein größerer Ort vor ihnen auf. „Clairfayts" liest der Unteroffizier von seiner Karte ab. Aber diesmal geht es nicht so glatt. Kaum sind sie näher gekommen, schlägt ihnen starkes Feuer entgegen.

„Also feindbesetzt", notiert Hartmut für seine nächste Meldung und befiehlt, einen Bogen um das Dorf zu machen und weiter durch das Gelände aufzuklären. Er zieht hierzu seinen gepanzerten Spähzug zu einer Kette auseinander. Mit geschlossenen Luken und Türmen, sich gegenseitig deckend und sichernd, fahren sie langsam weiter. Nach ein paar Minuten beugt sich Hartmut zum Fahrer vor.

„Halt mal an, ich will mich doch genauer umsehen!"

Er wirft die beiden Hälften des Schutzgitters zurück, nimmt sein Fernglas hoch, läßt es von rechts nach links wandern und betrachtet intensiv die vor ihm liegende Gegend.

Nichts – nur Wiesen, Gebüsch und Gehölz im Hintergrund.

Aber dann hat er doch etwas entdeckt. Wie ein langer, dunkler Strich zieht sich zwischen Büschen und Baumgruppen ein Stacheldrahtverhau durch das Gelände. Und etwa 300 Meter entfernt steht ein merkwürdiger Erdbuckel, der so gar nicht in die Landschaft passen will.

„Den wollen wir uns doch genauer ansehen", sagt Hartmut, „los, fahr drauf zu!"

Sie kommen näher. – 200 Meter noch!

Jäh durchzuckt es da den Unteroffizier: Das da vor ihnen, das ist kein harmloser Erdhügel – das ist ein gutgetarnter Bunker. Also stehen sie jetzt dicht vor der verlängerten Maginot-Linie, von der sie schon gehört hatten, daß sie sich hinter der französischen Grenze erstrecken soll.

„Halt an!" ruft er zu Stammer hinunter und beobachtet erneut.

Kein Schuß fällt. Bradler ist neben Hartmut im Turm

aufgetaucht, deutet mit ausgestrecktem Arm aufgeregt nach halblinks.

„Da drüben – noch ein Bunker – und weiter links, neben den Bäumen, ist sogar einer mit ’ner Stahlkuppel. Ganz schwere Dinger sind das!“

Richtig – ganz deutlich sind die grauen Betonwände zwischen der Grasbewachsung zu erkennen.

Und noch immer schlägt ihnen kein Feuer entgegen ...

„Gut getarnt sind die Brocken, aber ob sie auch besetzt sind? Wenn ja, dann müßten uns die Franzosen doch schon längst erkannt haben“, meint Bradler zweifelnd.

„Fahren wir also ein Stück näher ran und versuchen, ihr Feuer herauszulocken“, entscheidet Hartmut. „Mal sehen, was da noch alles versteckt ist. Und mach ’ne Skizze von dem, was wir schon entdeckt haben.“

Bradler antwortet beklommen: „Wenn’s unbedingt sein muß. Aber ich hab’ da so ’n mulmiges Gefühl. Wenn das man gutgeht ...“

Unteroffizier Hartmut winkt ärgerlich ab.

„Nu laß uns man bloß in Ruhe mit deinen blödsinnigen Gefühlen!“

Stammer unten auf dem Fahrersitz hat bereits geschaltet, fährt wieder an, und sie rollen weiter. Auch der zweite Wagen, 50 Meter weiter rechts, der ebenfalls angehalten hatte, nimmt wieder Fahrt auf. Der dritte bleibt sichernd und schußbereit stehen.

Sie kommen immer näher an die Bunkerlinie heran. – Noch immer nichts ...

„Jetzt woll'n wir die da drüben aber mal kitzeln*." Hartmut hat eine breite, dunkle Scharte mitten in dem „Erdhügel" vor ihnen ausgemacht. „Halt da kurz mit der Zwozentimeter drauf, mal sehen, ob sie antworten."

Er hat das noch nicht ganz ausgesprochen, da meldet sich plötzlich der bisher unsichtbar gebliebene Gegner. Drüben blitzt es auf, fährt ein feuriger Strahl aus der Scharte, ist ein harter Abschußknall zu hören, spritzt keine zehn Meter neben ihnen die Erde hoch.

Feindliche Pak (Panzerabwehrkanonen)!

Gleich darauf steilen noch zwei weitere Einschläge hoch.

Also sind die Franzosen noch da, und die Bunkerlinie ist besetzt! Diese Feststellung reicht – und nun nichts wie ab.

Doch da gibt es einen mächtigen Schlag, der den ganzen Spähwagen nur so rüttelt und schüttelt. Eine 2,5-cm-Pak-Granate war mitten durch ihren Wagen gefahren, ohne wundersamerweise Schaden anzurichten.

Blaß geworden, sehen sich die drei Männer der Besatzung an, und Bradler murmelt ganz verdattert: „Was hab' ich gesagt? – Mein flaues Gefühl . . ."

Doch die beiden anderen hören schon nicht mehr auf ihn.

„Jetzt aber schleunigst weg!" schreit Hartmut. Stammer haut sofort den Rückwärtsgang rein und gibt Vollgas, daß der Motor aufbrüllt.

Nun blitzt und zuckt es auch an anderen Stellen auf, und die anderen Spähwagen erhalten ebenfalls Feuer.

* Soldatenjargon

Da sie aber mit ihren 2-cm-Kanonen und den Maschinengewehren gegen den hinter dicken Betonwänden sitzenden Gegner nichts ausrichten können, zieht sich der ganze Spähzug, verfolgt von weiteren Granaten, rasch zurück.

Sie haben genug gesehen!

„Da haben wir aber mehr Glück als Verstand gehabt", sagt Stammer kopfschüttelnd, als sie später den Ein- und Ausschuß an ihrem Panzerspähwagen betrachten. „Eine Idee tiefer, und ich wär' geliefert gewesen. Aber du mußt ja deine Nase immer vorne dran haben", knurrt er und sieht Hartmut entrüstet an.

„Mein Lieber, das ist nun mal die Aufgabe von uns Panzeraufklärern. Hättest dich ja zur Infanterie melden können", gibt der gelassen zurück. Aber insgeheim ist er doch froh, daß alles noch so gut abgelaufen ist.

Das waren die ersten Schüsse aus der verlängerten Maginot-Linie gewesen.

Aber es sollte noch ganz anders kommen . . .

Die ersten, die es versucht hatten, mußten also wieder zurück. Es waren die Panzerspähwagen, die bis dicht an die Bunker herangefahren waren. Aber deren Besatzungen hatten sie mit Pak-Feuer empfangen, und mit mehreren Treffern mußten die auch an anderen Stellen vorfühlenden Spähwagen wieder kehrtmachen.

Auch ein Aufklärungsvorstoß am Nachmittag aus dem inzwischen genommenen Dorf Clairfayts heraus gegen die stark befestigten Linien wurde abgewehrt; vier Panzer wurden dabei abgeschossen.

Als Generalmajor Rommel eintraf, mußte er erkennen, daß mit Überraschungsvorstößen und Handstreichen gegen diese Festungsfront nichts auszurichten war.

Er sollte es auch gleich selbst erleben. Denn als er im Befehlspanzer mit dem Kommandeur des Panzerregiments 25 an der Spitze einer Panzerabteilung vorfuhr, erhielt die Kolonne vor Clairfayts die Warnung, daß die weiterführende Straße vermint sei. Sie bogen deshalb nach Süden ab und fuhren querfeldein durch Wiesen, Hecken und Obstgärten um den Ort herum. Vom Feind war nichts zu sehen und zu hören.

Plötzlich aber bemerkten sie nur etwa 100 Meter voraus die kantigen Umrisse einer mächtigen Befestigungsanlage. Dicht daneben befand sich eine Anzahl vollbewaffneter französischer Soldaten, die beim Erkennen der deutschen Panzer blitzartig in ihren Bunkern verschwanden. Und wenige Augenblicke später erhielten die vordersten Kampfwagen schweren Pak-Beschuß von links und MG-Feuer aus dem ganzen Raum, so daß sie abdrehen mußten.

So ging es also doch nicht – das mußte schon anders gemacht werden. Und Rommel hatte auch schon einen Plan dafür.

Es würde kein Angriff auf breiter Front werden wie sonst üblich, sondern ganz schmal angesetzt, Stück um Stück sollte aus den feindlichen Linien heraus- und diese so allmählich aufgebrochen werden. Da das Gelände beiderseits der durch die Befestigungen führenden Straße aber von tiefen Panzergräben und dichten Hindernissen durchzogen war, die jede Bewegung auf längere Zeit hemmen und aufhalten konnten, sollte vor allem die Umgebung der Straße freigekämpft und auf dieser einzigen Chaussee durch die verlängerte Maginot-Linie gestoßen werden: Panzer hinter Panzer, Fahrzeug hinter Fahrzeug, Geschütz hinter Geschütz.

Insgesamt betrug der für den Durchbruch ausgewählte und festgelegte Abschnitt für die ganze 7. Panzerdivision nicht mehr als eineinhalb Kilometer Breite, einschließlich der seitlichen Räume neben der Straße.

„Wir boxen* uns durch!“ Das, was Rommel zu seinem Ia gesagt hatte, sagte er nun auch den Kommandeuren und Offizieren, und diese wiederum sagten es ihren Männern . . .

Kurzgefaßte Befehle gingen an die Einheiten, wurden rasch ausgeführt, die Vorbereitungen liefen an.

Artillerie fuhr in Stellung und begann sich einzuschießen.

Pioniere machten sich bereit, ebenso Stoßtrupps der Kradschützen und Aufklärer.

Die Kampfwagen der II. Panzerabteilung schoben sich vor.

Um 18.00 Uhr erreichte das Panzerregiment mit der I. und III. Abteilung die Gegend westlich Sivrys und stellte sich dort bereit. Es war ein feuerstarker, schneller Verband mit gefährlicher Stoßkraft – wenn er erst einmal losbrach. Diese Panzermasse war – Rommels „Vorausabteilung“!

Die große Frage war nur, ob und wie und wann es gelingen würde, durch diese dreifachen französischen Sperrlinien zu kommen.

In der Nähe von Sivry, in einem ungepflegten, ver-

* militärischer Ausdruck

wachsenen Waldstück, steht wie eine große graue Elefantenherde eine Panzerkompanie.

Obwohl es erst früher Nachmittag ist, haben die Besatzungen schon einen harten Tag hinter sich; diesmal zwar nicht voller Kampf, doch voller Arbeit. Seit den Morgenstunden hatten sie an ihren von den früheren schweren Gefechten mitgenommenen Panzerkampfwagen 38 (t) herumgeschuftet, sie wieder voll einsatzbereit gemacht, die Kraftstoffbehälter mit Sprit aus den vorgekommenen Tankwagen vollaufen lassen sowie Granaten und MG-Munition an Bord genommen. Dann waren sie bis hierher vormarschiert und in Bereitstellung gegangen.

Jetzt haben sie ihre kurzen, schwarzen Panzerjacken ausgezogen, sich auf den Waldboden geworfen oder an die Laufwerke ihrer Panzer gelehnt, schlafen oder dösen in der heißen Maisonne vor sich hin.

Doch die Ruhe soll nicht lange dauern, denn wer da mit betont strammen Schritten herankommt, ist ihr Zugführer, Feldwebel Neubert.

Er stellt sich breitbeinig hin, und sein lautes Organ reißt sie sogleich aus allen Wunsch- und Heimatträumen.

„Mal herhören, Herrschaften“, sagt der Feldwebel befehlsgewohnt, „komme eben vom Chef, ’s gibt was Neues.“

„Doch nicht schon wieder los und weiter!“ reibt sich der Obergefreite Knelling, Ladeschütze im Panzer 533, noch schlaftrunken die Augen.

„Nee, so weit is’ es nun grade noch nicht, du Schlafmütze, wird aber bestimmt nicht mehr lange dauern“, fertigt ihn der Feldwebel kurz ab und fährt fort:

„Irgendwann heute abend greifen wir noch an, als II.

Treffen, gegen diese Festungslinie, die da vor der Division liegt. Schaut mal her, wie die Sache ablaufen soll."

Er nimmt einen dürren Zweig auf und zeichnet damit Linien, Striche und Pfeile in den weichen Waldboden.

„Also – hier sind wir, und das da, das ist die verlängerte Maginot-Linie."

Die Männer haben sich im Kreis gesammelt, hören aufmerksam zu und sehen interessiert auf die improvisierte Skizze am Boden.

„Mit Panzern gegen eine Festungslinie? Und wie soll das vor sich gehen?" unterbricht Unteroffizier Maurer vom Panzer 532 skeptisch den Feldwebel. Er darf sich die Frage wohl erlauben, ist er doch schon ein alter Soldat und ein bewährter Panzerkommandant.

„Immer der Reihe nach, bin ja noch nicht fertig." Neubert zeichnet ein paar weitere Striche und deutet darauf.

„Von dem Ort Clairfayts aus führt eine Straße mitten durch die Festungszone. Und genau dort wird ein Loch für uns freigekämpft. Dann rollt das ganze Panzerregiment, Panzer hinter Panzer, auf der Straße vor, bis wir durch die Bunkerlinien sind."

Nun aber bricht lautes Stimmengewirr los:

„Das ist doch nicht etwa Ihr Ernst?" – „So was gibt's doch gar nicht, das kann einfach nicht gutgehen." – „Da werden wir ja abgeschossen wie die Rebhühner . . ."

Der Feldwebel schneidet ihnen das Wort ab:

„Jetzt haltet gefälligst die Luft an und merkt euch: Was geht oder nicht geht, das entscheiden nicht wir, sondern der General. Und der wird ja wohl wissen, was er will, und auch seinen Plan haben. Bisher hat er uns doch auch gut geführt, oder etwa nicht?"

„Na ja", nicken einige zustimmend, „er hat schon was los. Und vorne dran ist er ja auch immer." Es ist nicht zu verkennen, daß sich der Generalmajor, der erst seit wenigen Wochen die Division führt, bei seinen Männern schon einen Namen gemacht hat.

Feldwebel Neubert ist noch nicht zu Ende.

„Vor allem merkt euch", fährt er fort, „auf der Straße bleiben. Nicht runter ins Gelände, das ist vermint und voller Gräben und sonstiger Hindernisse. Und in Fahrt bleiben, wenn's soweit ist – was ausfällt, muß weg von der Straße, die muß für alle nachfolgenden Teile frei bleiben und darf nicht blockiert werden. Alle weiteren Befehle werden noch gegeben."

Als die Besatzungen wieder zu ihren Panzern schlendern, bleibt Unteroffizier Maurer noch einen Moment stehen und sieht Neubert forschend an.

„Kann mir trotzdem nicht vorstellen, wie das gehen soll", sagt er gedehnt.

„Warten wir's ab", murmelt Neubert, „'s wird schon schiefgehen."

Am Spätnachmittag beginnt nach den ersten Aufklärungsvorstößen der deutsche Angriff, der zu einem harten Ringen mit den sich verzweifelt wehrenden französischen Werkbesatzungen führen wird.

Die beiderseitigen Artillerien eröffnen den Kampf. Die eigenen Batterien sind schon lange in Stellung gegangen. Seit einer Stunde donnern ihre leichten und schweren Geschütze, belegen die befestigte Zone mit heftigem

Beschuß und feuern auf erkannte Feindanlagen. 8,8-cm-Flak hämmert in direktem Beschuß gegen die Betonklötze. Lage auf Lage kracht hinüber, um die französischen Verteidigungswerke sturmreif zu machen.

Aber auch die Franzosen schießen, was aus den Rohren geht. Granaten aller Kaliber heulen, die Luft ist erfüllt von ihrem Donnern und Bersten.

Pioniere und Stoßtrupps der Aufklärungs- und Kradschützenkompanien liegen, zum Vorgehen entwickelt, beiderseits der Straße im Gelände verteilt. Hinter ihnen stehen die Häuser und Gehöfte von Clairfayts, wo im Schutz von Mauern und Wänden, in Gärten und unter Bäumen gegen Sicht gedeckt, ihre Fahrzeuge und Kräder abgestellt sind.

Vor ihnen aber, keine zwei Kilometer mehr entfernt, wölben sich die Stahlkuppeln der ersten Bunkerlinie, die es nun aufzuknacken*gilt. Und neben ihnen, überall im Umkreis, zerbirst die Erde unter krachenden, tobenden Einschlägen, wabern Rauch und Qualm hoch, Splitter wirbeln umher, die Schreie der ersten Getroffenen werden laut.

Unten, in der vorgelagerten Straßensenke, sind bereits Pioniere an der Arbeit. Dort ist eine Brücke gesprengt, die zuerst wieder instand gesetzt werden muß. Um sie herum schwirrt es von Maschinengewehrgeschossen. Zwitschernd und kreischend fahren sie in die Schottersteine. Querschläger spritzen weg. Die Pioniere müssen zwischendurch die Köpfe einziehen, sich ducken, hinwerfen, aber unentwegt arbeiten sie weiter.

* militärischer Ausdruck

Schwere Fahrzeuge der Brückenkolonne werden vorgezogen und in Windeseile abgeladen. Bohlen und Balken werden mit geübten, exakten Handgriffen zu einem festen Gefüge verbunden. Innerhalb kurzer Zeit entsteht so eine Notbrücke für die später folgenden Panzer.

Aus zahlreichen Bunkerschlünden legt der Feind einen Feuerriegel in das Vorgelände, doch unter dem Schutz des eigenen Artilleriefeuers schieben sich die Angreifer näher und näher an die Befestigungen heran.

17.30 Uhr.

Der Angriff beginnt.

Auf 1,5 Kilometer Breite bricht das I. Treffen vor, konzentriert sich der Vorstoß auf die schmale Haupteinbruchsstelle – genau auf die durch die Werke führende Straße.

Pioniere vor!

Stoßtrupps auf!

Panzer los!

Die Pioniere sind am weitesten vorn. Jetzt heißt es, erst die sperrenden Hindernisse zu beseitigen und Gassen frei zu machen.

Unteroffizier Mangold von der 1. Kompanie des Pionierbataillons 58 hat sich vorsichtig etwas aufgerichtet und lugt hinüber, dorthin, wo die Abschußblitze knallrot und schwefelgelb aufzucken. Er sieht sie deutlich drüben liegen, die feindlichen Bunker, die aus allen Scharten zu ihnen herüberfeuern.

Dem Gefreiten Rinser, der neben ihm liegt, sitzt es wie ein dicker Kloß im Hals. Er hebt den Kopf und sieht unter dem Rand des Stahlhelms seinen Gruppenführer mit flackernden Augen an.

„Und da müssen wir ran?"

Mangold nickt.

„Wird ein harter Gang werden. Aber was hilft's."

Es bleibt auch keine Sekunde Zeit mehr für große Überlegungen. Irgendwo der grelle Pfiff des Zugführers, ein langgezogener Schrei:

„Auf – marsch – maaaarsch!"

Sie sehen gebückte feldgraue Gestalten loshasten – dann schnellt sich auch Unteroffizier Mangold hoch, rennt vorwärts, hinter ihm seine ganze schwerbepackte Gruppe. Die Pioniere haben ihre Gewehre umgehängt, schleppen geballte Ladungen, Drahtscheren, Handgranaten und Nebeltöpfe.

Wie eine flammende, blitzende Sperre liegt das französische Artilleriefeuer vor der Abwehrfront aus Stahl und Beton.

Beim Dahinkeuchen vernimmt Mangold ein infernalisches Heranzischen und gleich darauf einen peitschenartigen Knall, wirft einen sekundenschnellen Blick aus den Augenwinkeln nach rechts und sieht, wie bei der Nachbargruppe ein dünner Einschlag aufstiebt und einige Männer getroffen niederstürzen.

Pak! denkt er, hört schon wieder das schneidende Sausen der Sprenggranaten und die Einschläge in der Nähe. Dann schießen mit schmetterndem Krachen gleich ein paar feuerspritzende Vulkane schräg seitwärts von ihnen auf. 10,5-cm-Brocken sind das! registriert er ganz automatisch, wirft sich nieder und brüllt noch im Niederfallen:

„Volle Deckung! – Einzeln weiter vorarbeiten!"

Sie kriechen weiter, Meter um Meter – kommen näher.

Die vordersten Drahthindernisse auf und beiderseits der Straße wachsen vor ihnen auf. Sie sind heran, haben die erste Sperre erreicht!

Mangold überfliegt mit einem Blick sein Häuflein – Lutter ist da, der Obergefreite, und Wegener und der Gefreite Hausmann. Die anderen kommen noch sprungweise nach.

Der Unteroffizier schnellt hoch, hinter ihm Lutter. Mit ein paar gewaltigen Sätzen sind sie an der Sperre, werfen sich flach nieder. Es braucht kein Wort gesprochen zu werden, alles ist eingeübt, erprobt. Blitzschnell hat sich Lutter im Liegen auf die Seite gedreht. Er hat schon die große Drahtschere in den Händen. Ein kräftiges Zudrükken – nochmals und nochmals. Metallisch knirschend springen die Enden des zerschnittenen Stacheldrahtes weg. Im Nu ist eine schmale Gasse durch den Drahtverhau geschnitten.

„Los – durch!" befiehlt Mangold mit sich überschlagender Stimme.

Sie drängen hindurch, reißen sich Hände und Uniform an den Drahtresten auf. Japsend und schwer atmend folgen die restlichen Männer. Von halblinks kommt MG-Feuer, das der Feind gegen die Einbruchsstelle richtet. Zischende, sausende Garben peitschen dicht über sie hinweg, zwingen die Gruppe wieder in Deckung.

Drüben, direkt an der Straße, krachen Detonationen, fliegen Draht- und Holzfetzen durch die Luft. Dort sprengt ein Pioniertrupp den Weg frei. Ein Pulk Panzer taucht auf, walzt durch die aufgerissene Bresche, schwenkt nach links und rechts ab, fährt von den Seiten her bis dicht an die vordersten Bunker heran.

Unteroffizier Mangold läßt sich nicht lange aufhalten.

„Mir nach!" schreit er und beginnt auf einen Bunker zuzukriechen, der ihm als erstes Angriffsziel bezeichnet wurde. Auf der einen Seite ist der mächtige Betonklotz halb mit Erde angeschüttet, zur anderen Seite hin steht die im Winkel abgesetzte, graue Betonmauer offen da. Aus einer vorspringenden Ecke starrt ihnen die gähnende Öffnung einer Schießscharte entgegen, aus der zukkende Flämmchen aus dem Lauf eines schweren Maschinengewehrs züngeln. Flach an den Boden gepreßt, warten sie eine Feuerpause ab.

Aber noch ehe sie den Bunker angreifen können, hört Wegener das noch entfernte Klirren von Kettengeräuschen.

„Herr Unteroffizier, zwei eigene Panzer", ruft er Mangold zu, der gerade überlegt, wie sie den großen Bunker am besten anpacken könnten.

Tatsächlich – die kommen uns gerade recht, denkt Mangold und hebt sein Gewehr zum Zeichen dafür hoch, daß die Umgegend minenfrei ist. Die beiden Kampfwagen vom Typ 38 (t) kommen rasch heran, und sofort springt die ganze Gruppe hinter sie, in die vermeintlich gute Deckung.

„Macht bloß, daß ihr da wieder wegkommt!" brüllt ihr Unteroffizier aus Leibeskräften. „Die ziehen doch nur das feindliche Feuer an!"

Mangold hatte recht. Keine zwei Minuten später schwenkt das schwere Maschinengewehr in der Bunkerscharte auf die neuen Ziele ein und spritzt mit seinen Garben die beiden Kampfwagen ab, daß die Geschosse wie Hagelkörner von den Panzerwänden prallen.

Es bedarf keiner langen Verständigung zwischen den Pionieren und den Panzermännern. Jetzt setzt ein Zusammenspiel zwischen ihnen ein, wie es nur zwischen erfahrenen Soldaten möglich ist.

Unteroffizier Mangold hatte außer der einen MG-Scharte an der anderen, etwas zurückgesetzten Bunkerseite noch eine zweite entdeckt, aus der wie ein dunkler Rüssel die trichterförmige Mündung einer französischen 2,5-cm-Pak glotzt. Sie hatte als sogenannte Schweigewaffe bisher noch nicht eingegriffen, um dann um so überraschender loslegen zu können.

In aller Eile lädt Mangold nun eine rote Signalpatrone in die Leuchtpistole und schießt sie in flachem Bogen in Richtung auf diese Scharte ab.

Den Panzerbesatzungen ist sofort klar, was gemeint ist. Für einen Moment wird eine Luke im Turm geöffnet, ein Arm reckt sich in die Höhe; das Zeichen, daß sie verstanden haben.

Die beiden Panzer, die kurz angehalten hatten, fahren wieder an, nehmen den Bunker in die Zange, halten sich aber außerhalb des Schußbereichs der feindlichen Pak.

Ein atemberaubendes Geschehen spielt sich jetzt ab. Unbekümmert um das rasende Feuer aus dem einen Scharten-MG, nähert sich der erste Panzer schräg von der Seite her, geht in Schießhalt, eröffnet mit seiner 3,7-cm-Kanone das Feuer.

Die erste Granate schlägt etwas oberhalb der Scharte

ein. Betonbrocken werden herausgerissen, Mörtelstaub wallt auf. Die zweite sitzt dicht neben der Scharte.

Doch die französische Bunkerbesatzung läßt sich nicht erschüttern. Unentwegt rattert mit monotonem Gleichklang ihr schweres Maschinengewehr weiter, spuckt unzählige Geschosse heraus, schießt Punktfeuer gegen den Turm des Panzers, um der Kanonenbedienung darin Sicht und Zielmöglichkeit zu nehmen.

Eine weitere Granate fährt aus dem Rohr.

Die Pioniere, die diesen Zweikampf atemlos beobachten, schreien auf. Treffer! Und gleich darauf ein zweiter in die Scharte, die nun völlig aufgerissen wird. Verbeult hängt das schwere Hotchkiss-Maschinengewehr, aus seiner Haltung gerissen, heraus. Nun gibt der Panzer mit seinem Bord-MG Feuerstoß nach Feuerstoß auf die zertrümmerte Scharte ab. Aus dem inneren Kampfraum kommt keine Antwort mehr.

Die französische Pak mit ihrem begrenzten Schußwinkel kann nicht eingreifen. Sie hatte zwar ebenfalls zu feuern begonnen, doch ihre Granaten zischten seitlich am Kampfwagen vorbei, der sich auch weiterhin aus dem Winkelbereich der Kanone heraushält.

Inzwischen ist der zweite Panzer um die Festungsanlage herumgefahren, hat das umgebende Drahthindernis niedergewalzt und sich von hinten an das Werk herangeschoben.

Unteroffizier Mangold, der seine Gruppe geteilt hatte, ist ihm mit ein paar Männern, sich auf der vom Feind abgewendeten Seite in einiger Entfernung vom Panzer haltend, gefolgt. Er wartet noch ab, will erst den Stahlkasten die „Vorarbeit“ machen lassen.

Der schießt nun von der Flanke her gegen die Bunkertür, die aus einer schmalen, nebenan befindlichen Schießscharte gesichert wird.

Eine Granate genügt, um die Scharte zum Schweigen zu bringen, aber die dicke Bunkertür trotzt dem Beschuß. Die dagegenhämmernden 3,7-cm-Granaten können keinen Durchschlag erzielen, die dicke Stahltür hält stand und wird nur in ihren Angeln verbogen.

So ist diesem schweren Klotz nicht beizukommen, geht es Mangold durch den Kopf, da müssen schon wir ran, um ihn vollends aufzuknacken.

Er jagt an den Panzer heran, schwingt sich die Kettenabdeckung hinauf, schlägt mit dem Knauf der Leuchtpistole gegen den Turm. Eine Luke wird geöffnet, ein pulvergeschwärztes Gesicht erscheint.

„Gebt uns Deckung, wir gehen ihn jetzt an", haspelt Mangold heraus, springt schon wieder ab und sieht sich um. Vier von seiner Gruppe sind da – das genügt.

„Den toten Raum gewinnen und von beiden Seiten an die Bunkertür heran." Er deutet nach vorn und hetzt schon los.

Geduckt und unter dem Feuerschutz des Panzers, der noch einige Granaten gegen die Tür abgibt, arbeiten sich die Pioniere vorwärts und sind mit ein paar letzten Sprüngen im toten Winkel der gegnerischen Waffen.

Es sind die letzten Sprünge des Gefreiten Hausmann. Urplötzlich peitscht es aus der schmalen Scharte neben der Tür wieder heraus. Die Franzosen hatten anstelle des bereits vom Panzer ausgeschalteten Maschinengewehrs ein neues in Stellung gebracht.

Die volle Garbe zerfetzt Hausmann die Brust, reißt

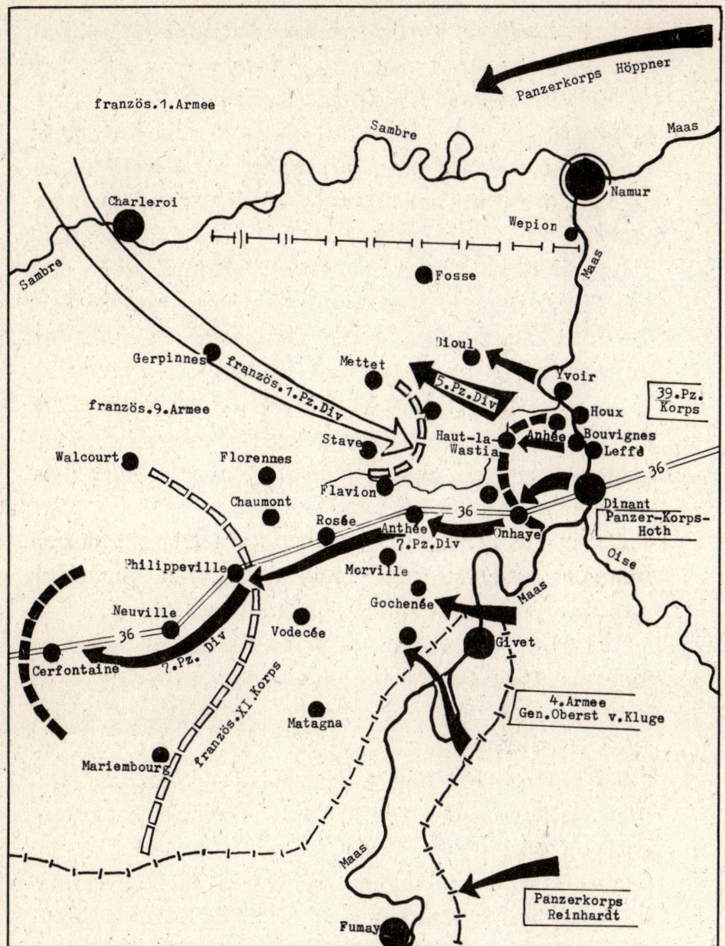

Angriff über die Maas bei Dinant mit 7.Pz.-Div.

auch den neben ihm springenden Neumeister schwer verwundet nieder.

Mangold sieht es und knirscht mit den Zähnen vor ohnmächtiger Wut. Das hätte nicht zu sein brauchen, wenn sie besser auf diese verdammte Scharte aufgepaßt hätten. Aber nun ist es zu spät, und helfen kann er auch nicht.

Es gibt kein Zurück mehr, sie müssen endlich den Bunker erledigen. Zusammen mit Lutter und Rinser, die mit aschgrau gewordenen Gesichtern ebenfalls die Kameraden fallen sahen, schieben sie sich, eng an die kalte Betonwand gedrückt, Schritt für Schritt von der Seite her an die Bunkertür heran. Sie bringen eine geballte Ladung an, zünden und werfen sich hinter eine vorstehende Mauerecke.

Ein dröhnender Krach, der in den Ohren schmerzt, dicker, schwarzer Qualm. Die aus den Angeln gerissene schwere Eisentür hängt halb zur Seite.

Der Unteroffizier ist schon wieder hoch, dringt in das noch raucherfüllte Innere ein, hinter ihm zwängen sich die beiden anderen durch den aufgesprengten Eingang.

Es kommt zu keiner Gegenwehr mehr, denn die Werkbesatzung, die sich in das Untergeschoß zurückgezogen hatte, gibt sich gefangen. Noch benommen vom Kampf, einige blutend und verwundet, torkeln die französischen Soldaten in das noch helle Tageslicht hinaus.

Auch die 2,5-cm-Pak wurde unterdessen in einem kurzen Duell vom ersten Panzer unbrauchbar gemacht.

Gut eine halbe Stunde hat es gedauert, bis das Werk

vollends niedergekämpft war. Nun schweigen seine Waffen, sind die MG zerstört, die Pak beschädigt, hat sich die restliche Besatzung ergeben.

Müde und zerschlagen geht Unteroffizier Mangold zurück zu den zwei Männern seiner Gruppe, die es beim letzten Ansturm noch getroffen hatte. Er drückt dem stöhnenden Neumeister noch einmal die Hand, ehe dieser weggebracht wird, und er nimmt mit einem langen Blick Abschied von Hausmann, der für immer hier an der verlängerten Maginot-Linie – wie so mancher andere – geblieben war.

Dann sucht Mangold seine Truppe zusammen. Eine kleine Verschnaufpause, und es geht weiter. Der Kampf ist für sie noch längst nicht zu Ende.

Das Ringen um die befestigten Linien, die von den Soldaten der französischen 101. Festungsdivision tapfer verteidigt werden, entbrennt zu voller Härte. In zähen, anhaltenden Gefechten muß Bunker um Bunker, Werk um Werk niedergekämpft und zum Schweigen gebracht werden.

Die Pioniere, abgesessene Aufklärer, Kradschützen und die als erste eingesetzten Panzer arbeiten gut zusammen und greifen gemeinsam den sich hartnäckig wehrenden Gegner an. Gedeckt und unterstützt von den Panzerkampfwagen, kriechen die Sturm- und Stoßtrupps an die ungefügen, mächtigen Betonklötze heran und werfen Sprengladungen durch Scharten und Schlitze. Drinnen zerkrachen die Ladungen. Die Hölle ist los. Panzergranaten fahren gegen die Bunkereingänge, donnern gegen die Stahlkuppeln.

Die überlebenden Besatzungen ergeben sich, verlassen ihre aufgesprengten, zerstörten Bunker, werden nach hinten geschickt.

Auch die eigenen Verluste steigen. Schon sind zwei Panzer ausgefallen. Sie wurden abgeschossen. Dann trifft die feindliche Pak auch den Kommandowagen der schweren Panzerkompanie.

Nun beginnt die eigene Artillerie Nebelgranaten zu schießen, um den Bunkerbesatzungen die Sicht zu nehmen. Graue Schwaden wälzen sich durch das Gelände, bedecken alles mit einem dichten Schleier.

Mitten hinein in das wallende Nebelmeer nehmen die vordersten Panzerwagen ihren Weg, um zusammen mit den Schützengruppen weitere Feindanlagen außer Gefecht zu setzen.

Die Pioniergruppen bahnen im Schutz des künstlichen Nebels Gassen bis dicht an die Bunker heran und beseitigen neu auftauchende Hindernisse. Minen werden aufgespürt und weggeräumt, große Lücken in die Drahtverhaue geschnitten und gesprengt.

Es kommt auch zu zahllosen Einzelkämpfen.

Da geht ein Stoßtrupp gegen einen Bunker vor, kriecht heran, wirft eine drei Pfund schwere Ladung in die Schießscharte. Als nach wiederholter Aufforderung zur Übergabe die Besatzung nicht herauskommt, wird eine weitere Ladung geworfen. Schließlich ergeben sich ein Offizier und 35 Mann, doch gleich darauf überwältigen sie den schwachen deutschen Trupp und entkommen, nachdem ein französisches MG von einem anderen Bunker aus zu ihrer Unterstützung das Feuer eröffnete.

Dort sprengt der Chef der 3. Kompanie des Pionierbataillons 58 selbst mit einigen seiner Leute ein Betonwerk auf und nimmt die Besatzung gefangen.

Immer mehr Franzosen tauchen auf. Erst einzeln, dann in Grüppchen und Trupps, schließlich in ganzen Scharen gehen sie resigniert und abgekämpft nach hinten in die Gefangenschaft.

18.00 Uhr.

Die ersten Werke sind niedergekämpft, die verlängerte Maginot-Linie ist aufgerissen, aber noch längst nicht durchbrochen. Zwar sind schon mehrere große Bunker erledigt worden. Sie feuern nicht mehr, alles Leben in ihnen ist erloschen. Doch es gibt noch viele andere, und die sind noch voll kampffähig und abwehrbereit.

Der Kampf geht weiter.

Langsam frißt sich der Angriff vorwärts, dehnt sich nach beiden Flanken hin aus, um die feindlichen Befestigungen nach links und rechts aufzurollen und die Einbruchsstelle zu vergrößern. Den einzeln vorwalzenden Kampfwagen folgen die Schützen. Sie durchkämmen das Gelände, schalten Stützpunkte im Zwischenfeld aus, heben verstreute MG- und Pak-Nester aus, stürmen Gräben und Feldstellungen.

Auch die Pioniere sind weiter an der Arbeit. Nachdem die ersten Bunker außer Gefecht gesetzt sind, sprengen sie die eisernen Igel auf der Straße in die Luft, räumen die Trümmer beiseite, füllen Trichter auf und schaffen Bahn für die nachfolgenden Teile.

Aus der Ferne dringt das dumpfe Grummeln anhaltender Bombenwürfe. Deutsche Flugzeuge greifen weit hinter der befestigten Zone mit Bomben und Bordwaffen die französische Artillerie, Reserven und Kolonnen an und riegeln das Hinterland ab.

Es wird 19.00 Uhr.

Der Gegner hat vier weitere Panzer des I. Treffens abgeschossen und einen anderen schwer beschädigt. Auch die Pioniere und Stoßtrupps hatten Verluste erlitten. Doch wieder sind zwei große Werke inzwischen genommen worden.

Jetzt ist die erste Bunkerlinie durchbrochen, eine erste Bresche geschlagen.

Die dichten Schwaden des noch immer über dem Kampfgelände hängenden künstlichen Nebels zerfließen, vermischen sich mit den aufsteigenden abendlichen Dünsten auf dem feuchten Wiesengelände zu einer alles verhüllenden grauen Wand.

Voll gespannter Aufmerksamkeit, doch mit stoischer Ruhe hatte der Generalmajor bis dahin den Kampfverlauf verfolgt. Nichts in seinem Gesicht deutet auf die innere Erregung hin, die ihn gepackt hält. Anscheinend gelassen nimmt er die eingehenden Meldungen entgegen, nickt nur hin und wieder mit dem Kopf, sagt: „Gut – gut!"

Dann jedoch, nachdem ihm der Durchbruch durch die erste Bunkerlinie gemeldet wurde, wird er plötzlich lebendig. Obwohl die Bresche erst knapp 400 Meter breit ist, will er sofort das II. Treffen in mehreren Staffeln in die Lücke nachziehen, um den sich anbahnenden Erfolg bei nächster Gelegenheit rasch ausnützen zu können.

Im letzten Licht des Tages, im matten Abendrot, das

nach Westen zu am Himmel verschwimmt, während im Osten bereits die bleiche Scheibe des vollen Mondes aufkommt, gibt Rommel den Befehl zum Anfahren.

Die Masse des Panzerregiments 25 mit der I. und III. Abteilung bricht aus den Bereitstellungsräumen auf.

Da rollen sie heran mit dem Knirschen und Rasseln ihrer Gleisketten, mit brummenden Motoren und stinkenden Auspuffgasen: leichte Panzer II, mittlere Panzer 38 (t), schwere Panzer IV, MG-, Kanonen- und Befehlswagen. Zug nach Zug, Kompanie nach Kompanie.

Die Spitze des aus 84 Kampfwagen bestehenden II. Treffens rollt durch die erste Bresche, geführt von Rommel selbst, der in seinem Befehlspanzer mitten unter ihnen ist. Aber für den eigentlichen Durchbruch ist es noch zu früh. Rommel hält seine Panzer an, will erst die Dunkelheit abwarten. Der entscheidende Hauptstoß soll als Nachtangriff geführt werden.

Gegen 21.00 Uhr greift das I. Treffen die Bunker der zweiten Widerstandslinie an ...

22.00 Uhr.

Es ist zwar dunkel geworden, aber die Nacht ist mondhell. Panzer, Pioniere und Kradschützen haben in der Zwischenzeit drei Werke der zweiten Linie niedergekämpft.

Die Gesichter der Männer sind rauchgeschwärzt, Rinnsale von Schweiß ziehen helle Streifen dazwischen, ihre Hände bluten, die Uniformen sind zerrissen, um sie herum tobt der Kampf. Gefallene und Verwundete sind hinter ihnen zurückgeblieben.

Es gibt jetzt aber kein Halten mehr. Tempo – Tempo – weiter.

Viereinhalb Stunden nach Angriffsbeginn sind zwei stark befestigte Linien durchbrochen worden, wurde die Bresche auf 500 Meter erweitert und in einer Tiefe von eineinhalb Kilometern geöffnet.

Noch liegt in einiger Entfernung eine dritte Bunkerfront vor den Angreifern. Sie soll einfach überrollt werden ...

Jetzt ist der Zeitpunkt für das Panzerregiment gekommen, heißt es anfahren zum endgültigen Durchbruch. Noch ein paar hallende Detonationen – dann plötzlich gespannte Stille.

Da – zwei Leuchtkugeln zischen steil hoch, stehen weißlich zitternd am Nachthimmel.

Das verabredete Zeichen: Der Weg durch die zweite Linie ist frei!

Und nun ereignet sich etwas Unwahrscheinliches.

Die Panzer des II. Treffens rollen los. Es sind zwei Panzerabteilungen. Aber sie fahren nicht in weit geöffneter Front oder in massiertem Keil, nein – Panzer hinter Panzer rollt in schier endloser Reihe durch die aufgesprengte Gasse, auf dieser einzigen freigeräumten Straße, mitten durch das dichte französische Befestigungssystem, von dem auf beiden Seiten zwar eine Anzahl Bunker außer Gefecht gesetzt, entferntere aber noch völlig intakt und feindbesetzt sind.

Zuerst wird das Durchschleusen noch durch die Kampfteile des I. Treffens abgeschirmt, die an beiden Flanken des Einbruchsraumes weiterhin die Feindanlagen angreifen, durch Feuer niederhalten oder durch Nebel blenden.

Dann aber sind die Panzer allein. Sie walzen die restlichen Hindernisse nieder, drehen ihre Türme nach allen Richtungen. Ein furchtbares, tödliches Ungewitter donnert aus ihren Rohren und Läufen. Dutzende von Leuchtspurbahnen aus den MG überschneiden sich kreuz und quer, dazwischen die Abschüsse aus den Kanonen.

So brechen sich die Stahlkästen ihre Bahn. Granaten und Maschinengewehrgarben versteppen vor und neben den Panzern die Hecken und Gärten, die Häuser, Schützengräben und Widerstandsnester des zur Verteidigung ausgebauten Zwischengeländes und halten den dort eingenisteten Gegner nieder.

Rommel führt selbst, befiehlt, hält die Panzerbesatzungen zum ständigen Feuern aus der Bewegung mit höchster Geschwindigkeit an, gibt aus seinem Befehlspanzer durch:

„Wie bei der Marine – Salven nach Back- und Steuerbord!“

So rattern und klirren im Mondschein die dunklen Kolosse in einem verwegenen Nachtangriff bis zu der rund vier Kilometer entfernten 3. Festungslinie und durchstoßen auch diese in einem Zug. Sie schießen nach allen Seiten, legen ihr Feuer auf die letzten vor ihnen auftauchenden Bunker und Stellungen. Auch sie erhalten noch heftigen Beschuß, es gibt noch Panzerausfälle, aber die Masse kommt durch.

Zuletzt feuert noch ein versteckt angelegter Bunker, trifft einen Kampfwagen und wird dann selbst zusammengeschossen.

Dann werden auch noch die rückwärtigen französischen Artilleriestellungen überrollt, deren Batterien die vorstürmenden Panzer zum Teil auf nächste Entfernung unter Feuer nehmen. Sie werden ebenfalls zum Schweigen gebracht.

Nur noch hin und wieder feuert da und dort ein Geschütz, bellt eine Pak, rattert ein Maschinengewehr – dann bleibt der Gefechtslärm mehr und mehr hinter den Panzern zurück.

Sie sind durch die verlängerte Maginot-Linie gestoßen. Der Weg nach Westen ist jetzt offen.

Die Panzer halten noch längst nicht an, denn Rommel schickt sie vorwärts – in die Tiefe des französischen Hinterlandes, während bereits weit zurück die Kradschützen und Panzeraufklärer sammeln.

Und jetzt beginnt das, was der 7. Panzerdivision ihren Namen einbringen sollte: „Gespensterdivision".

Gegen 22.30 Uhr gibt Generalmajor Rommel in dieser Vollmondnacht den Befehl zum Vorstoß auf Avesnes. 15 Kilometer sind es bis dorthin.

Es wird eine risikoreiche Sturmfahrt in der geisterhaft hellen Nacht, in deren Verlauf sich die Ereignisse bei Deutschen und Franzosen jagen und überstürzen sollten. Rommel selbst führt dieses Unternehmen.

Zuerst fahren die Panzer noch durch freies Gelände, müssen sich bei Nacht und in unbekannter Gegend orientieren und ihren Weg suchen. Immer weiter bleiben die befestigten Linien, um deren Werke und Anlagen zu beiden Seiten der Durchbruchsbahn noch immer gekämpft wird, hinter ihnen zurück.

Vor ihnen aber liegt das Unbekannte, die Ungewißheit, befindet sich ein Gegner, der noch nichts von ihrem Durchbruch ahnt und weiß.

Mitten unter ihn geraten sie nun, stoßen hinein, rollen durch ruhende, biwakierende, rastende oder marschierende Truppen der auf dem Rückzug befindlichen, in den vorangegangenen Kämpfen zerschlagenen Felddivisionen der französischen 9. Armee, die sich hinter dem Schutz der verlängerten Maginot-Linie sicher wähnten und dort neu organisiert werden sollten.

Die Panzerkolonne, hinter der nach und nach weitere Divisionsteile nachfolgen, walzt über Wiesen und Felder, passiert kleine Dörfer und durchfährt ausgedehnte Ortschaften, die von versprengten, wieder gesammelten und biwakierenden Teilen der französischen 18. und 22. Infanteriedivision geradezu wimmeln.

Truppen rasten neben den Straßen, an den Rändern und auf den Seitenwegen stehen Fahrzeuge, die Bauernhöfe und Gärten sind mit Wagen, Geschützen und Panzern vollgestopft.

Rauh werden die nichtsahnenden französischen Einheiten vom Lärm und Getöse der anrückenden Panzer geweckt und hochgejagt.

„Alarm – Alarm!“

Aber die Soldaten sind so völlig überrascht von dem plötzlichen Auftauchen der Deutschen, daß sie nicht begreifen, was da geschieht, nicht wissen, was sie tun sollen, und keinerlei Gegenwehr leisten.

Die Panzer halten sich nicht lange auf, nehmen sich keine Zeit zum Anhalten, rollen weiter, überlassen die zurückbleibenden Gegner den nachfolgenden Teilen.

In unvermindertem Tempo geht es vorwärts. Geschütze und Fahrzeuge werden überrollt oder zerschossen.

Immer wüster wird das Durcheinander.

Die Straßengräben sind voller französischer Soldaten und Zivilisten. Sie hocken an den Hecken, hinter Zäunen, starren fassungslos die vorbeirollenden deutschen Kampfwagen an, während andere in die Felder flüchten. Die Kriegsfurie wütet – wieder einmal.

Um 23.00 Uhr wird in die große Straße Solre-Avesnes eingebogen.

„Die Franzosen, Truppen wie Führung, wurden völlig überrascht – einmal davon, daß Generalmajor Rommel die Grenzbefestigungen, die man zunächst für sicher hielt, so rasch durchbrochen hatte, und zum anderen, daß er gegen alle bisherigen Kriegsregeln den Panzerstoß auch bei Nacht fortsetzte. – Die Infanterie warf ihre Waffen fort, suchte ihr Heil in der Flucht und erhöhte dadurch noch die allgemeine Panik. Hätten sich die französischen Truppen zum Kampf gestellt, so wäre die Lage für die deutsche Panzerkolonne reichlich gefährlich geworden ...“ Dies schrieb später ein britischer Militärschriftsteller.

Auch der leichte Panzerspähzug 2 unter Führung von Unteroffizier Hartmut hat seine besonderen Erlebnisse in dieser turbulenten Nacht.

Erst einmal wird von der Pz. A. A. 37, zu der auch sie gehören, alles, was nicht zum Abschirmen der Durchbruchsgasse gebraucht wird, nach der Niederkämpfung der Bunker und Werke in Eile wieder gesammelt und hinter dem bereits in der Ferne verschwundenen Panzerregiment 25 nachgeschickt. So hetzen denn die Panzeraufklärer, sonst die ersten am Feind, in dieser Mondnacht hinter den Panzern her.

Sie sehen überall die Spuren der vor ihnen durchgefahrenen Panzerkompanien, die gleichen Bilder des überraschten Gegners.

Erst geht es auch noch gut voran, aber nach einiger Zeit gerät die Abteilung in immer dichter werdendes Gedränge, reißt auseinander, muß sich in kleinen und größeren Teilen in Richtung Avesnes vorarbeiten.

Unteroffizier Hartmut und der Gefreite Bradler stehen im offenen Turm ihres Spähwagens, und Hartmut kommt aus dem Staunen nicht heraus, als er weithin die Vormarschstraße mit französischen Soldaten, Flüchtlingen und Fahrzeugen bedeckt sieht, welche die bereits vor ihnen befindlichen Panzer hinter sich gelassen hatten.

„Menschenskind", sagt er kopfschüttelnd zu Bradler, „sieh dir das an. Einfach nicht zu glauben, wenn man's nicht mit eigenen Augen sehen würde."

Auch der Gefreite, den sonst nichts so leicht erschüttern kann, ist beeindruckt.

Von der Abteilungsspitze wird durchgegeben:

„Tempo – dranbleiben – nicht aufhalten lassen!"

Hartmut blickt sich um, stellt fest, daß die beiden anderen Wagen seines Zuges schon ziemlich abhängen, und läßt Bradler zurückfunken, daß sie aufschließen sollen. Danach ruft er zum Fahrer hinunter:

„Rolf, dreh auf! Sonst hängen wir ab!"

Von unten kommt Stammers wütende Stimme: „Wir sind doch hier auf keiner Rennbahn. Bei diesem Verhau kommt man ja kaum noch durch, da hilft auch alles Gasgeben nichts!“

Eben war er um Haaresbreite zwei großen französischen Lastwagen ausgewichen, von denen einer schräg in die Straßenmitte hineinragte, und gerade noch an ein paar Bauernfuhrwerken mit den typischen hohen Rädern vorbeigekommen. Ein paar Meter weiter streifte er eine Anzahl dicht aufgefahrener Personenkraftwagen, auf deren Wagendächer die flüchtenden Zivilisten Matratzen gebunden hatten.

Das Durcheinander wird immer größer, und so bleibt es nicht aus, daß auch bei ihnen die Verbindung zur Abteilung abreißt und sie sich nur noch im Schrittempo durch das Fahrzeuggewühl auf der Straße schieben können.

In Hartmut will Mitleid hochkommen, weniger wegen der französischen Soldaten, dafür aber um so mehr mit der unschuldigen Zivilbevölkerung, die da, hilflos und zitternd vor Furcht und Schrecken, die Straßen füllt und nicht mehr ein noch aus weiß. Aber was sollte er als „kleiner“ Unteroffizier in diesem Durcheinander schon ausrichten?

Als sie allmählich näher an Avesnes herangekommen sind, nimmt Bradler einen Funkspruch von ihrem Schwadronsführer auf:

„Spähzug 2 sichert Vormarschstraße nach Süden!“

„Der Auftrag schmeckt mir besser als diese mühsame Dahinkrebserei“, meint der Unteroffizier erleichtert und befiehlt seinem Spähzug, in einen Seitenweg nach links abzubiegen. Er postiert die beiden anderen Wagen vorgestaffelt entlang dem Wagen mit Beobachtungs- und

Schußbereich nach links und rechts und bleibt selbst an der Straßeneinmündung stehen.

Hartmuts Spähwagen verhält mit geöffnetem Turmgitter und abgestelltem Motor. Noch während er und Bradler horchen und beobachten, werden plötzlich hinter ihnen eilige Schritte hörbar.

Im gleichen Augenblick, wo der Unteroffizier diese Geräusche vernimmt, springen auch schon keuchend und voller Hast zwei Männer auf ihren Wagen.

Hartmut fährt herum – sieht fremde Helme, lange Mäntel. Es sind zwei französische Soldaten, die da auf ihrem Heck hocken. Im ungewissen Licht hatten sie das deutsche Fahrzeug anscheinend für ein eigenes gehalten, auf dem sie mitfahren wollten.

Der Unteroffizier und Bradler reagieren im Umsehen und zerren ihre Pistolen aus den Ledertaschen. Als die französischen Infanteristen die auf sie gerichteten Läufe sehen und nun auch die deutschen Uniformen erkennen, bemerken sie ihren Irrtum.

Sie heben schon die Hände hoch, da fährt mit abgeblendeten Lichtern und knirschenden Bremsen, ebenfalls von hinten kommend, ein feindlicher Spähpanzer bis auf wenige Meter auf.

Die beiden Franzosen, nun wieder mutig geworden durch das Auftauchen ihres Spähpanzers, lassen die Arme sinken. Einer will das umgehängte Gewehr vom Rükken nehmen, und der andere nestelt an einer Eierhandgranate, um sie in das Wageninnere zu werfen.

Noch ehe er sie abziehen kann, rettet Bradler die Situation. Mit einem Satz hechtet er aus dem Turm auf das Heck und teilt ein paar Hiebe aus, worauf die beiden

Poilus*vom Fahrzeug taumeln. Bradler, der das Gleichgewicht verloren hat, rutscht hinter ihnen her.

Das alles spielte sich in Sekundenschnelle ab.

Der Unteroffizier hatte nicht tatenlos zugesehen. Noch während Bradler ebenfalls vom Spähwagen glitt, schoß Hartmut auf kürzeste Entfernung mit der 2-cm-Kanone auf den französischen Spähpanzer, dessen Besatzung schon nach den ersten Schüssen ausbootete. Aus den zunächst zwei Franzosen sind nun fünf geworden, die Bradler, der sich inzwischen wieder hochgerappelt hat, mit vorgehaltener Pistole entwaffnet. Nur der letzte entkommt mit ein paar gewaltigen Sätzen und verschwindet in der Dunkelheit.

„Und was jetzt mit ihnen?“ ruft Bradler zu Hartmut hinauf.

Der macht eine unbestimmte Handbewegung. „Laßt sie laufen, die richten bestimmt keinen Schaden mehr an. Mitnehmen können wir sie sowieso nicht.“

Nachdem sich der Gefreite wieder auf den Spähwagen geschwungen hat, lacht ihn sein Unteroffizier an und klopft ihm anerkennend auf die Schulter.

Das Lachen sollte Hartmut aber schon in den nächsten Minuten wieder vergehen. Dann nämlich, als es voraus hart und trocken zu knallen beginnt und grelles Feuer aufzuckt.

„Da haben die doch tatsächlich irgendwo eine Pak in Stellung gebracht“, entfährt es ihm ärgerlich, und er horcht in die Richtung, wo nun auch das Hämmern einer 2-cm-Kanone einsetzt.

* Spitzname für französische Soldaten

„Das muß unser zwoter Wagen sein", schätzt Bradler.

Schon nach einigen Sekunden bricht das Stakkato der Maschinenkanone jäh ab, und dort, wo der Spähwagen stehen muß, steigt eine haushohe Stichflamme hoch. Auch das Prasseln explodierender Munition ist zu hören.

Gleich danach kommt der dritte Wagen in Höchstfahrt zurückgejagt.

„Feind greift an, will zur Vormarschstraße durchstoßen, um sie zu unterbrechen", meldet die Besatzung, als sie neben dem Zugführerwagen anhält. „Den Wagen von Guttmann haben sie vorhin abgeschossen."

Es bleibt nicht viel Zeit für Fragen und Antworten, denn schon tauchen beiderseits des Weges schwarze Schatten auf, und im Nu entspinnt sich ein heftiges Gefecht um die Straßeneinmündung. Erst nach einem etwa halbstündigen Kampf gelingt es den beiden Spähwagen, den von Pak unterstützten französischen Vorstoß abzuschlagen.

Als der Befehl für die Beendigung des Sicherungsauftrages und zum Nachfolgen kommt, rollen nur noch zwei Fahrzeuge des leichten Spähzugs 2 auf Avesnes zu.

Hinter ihnen bleiben die glühenden Überreste eines durch Volltreffer in Brand geratenen dritten Wagens zurück.

Und drei tote Kameraden ...

Unaufhaltsam dringen die Panzer weiter vor. Kurz vor Avesnes wird die gesamte schwere Artillerie der 1. nordafrikanischen Division überrollt, und zahlreiche Geschütze können erbeutet werden.

Doch dann wird der deutsche Panzervorstoß langsamer.

Je mehr es dem Städtchen zugeht, desto dichter wird das Chaos. Nur noch mühsam können sich die Panzer ihren Weg bahnen. Die Fahrbahn ist durch Fahrzeuge aller Art, Munitionskolonnen, Geschütze und Tanks verstopft, die im Gewirr der vollbeladenen Pferdefuhrwerke der Flüchtlinge steckengeblieben sind und sich nun gegenseitig hindern. Zu viele Wagen blockieren die Fahrbahn, es scheint einfach kein Durchkommen mehr zu geben.

Die Fahrt der Panzer kommt zeitweise ins Stocken, kaum können sich die einzelnen Teile der gepanzerten „Vorausabteilung“ noch einen Weg bahnen. Die Panzerkolonne wird aufgespalten. Die hinterherkommenden Einheiten und die Panzeraufklärungsabteilung, das Kradbataillon und die motorisierten Batterien werden voneinander getrennt, und die Verbindungen reißen ab. Selbständig und auf eigene Faust sucht sich alles weiter und nach vorn durchzuschlagen.

Allmählich beginnen sich auch die Franzosen wieder zu fassen, leisten Gegenwehr und nehmen den Kampf auf. Französische Verbände dringen von den Seitenwegen in die deutschen Kolonnen ein, durchbrechen sie, verwickeln die einzelnen Teile in harte Kämpfe und nächtliche Gefechte.

Sollte die Sturmfahrt der Panzer hier schon zu Ende sein?

Nein, denn schon hallt auch aus Richtung Avesnes Gefechtslärm herüber.

Dort steht bereits die Panzerspitze. Rommel führt sie

selbst. Fahrend und feuernd stoßen sie in das Gewirr der französischen Kolonnen, schaffen sich Bahn, brechen durch, unbekümmert um das, was links und rechts ist, ohne darauf zu achten, was beim Gegner geschieht, und nicht daran denkend, was an eigenen Teilen nachfolgt.

„Nur zu!" treibt Rommel immer wieder an. Gelegentlich schickt er einen kurzen Funkspruch an den bereits in weiter Ferne befindlichen Divisionsstab und hetzt wieder vorwärts. Obwohl er in Avesnes ganz richtig – wie sich noch herausstellen wird – starke französische Streitkräfte vermutet, läßt er die Spitze mit unvermindertem Tempo weiterrollen.

Gegen Mitternacht poltern seine Panzer durch die kleine Stadt, in der sich noch Teile der französischen 1. Panzerdivision befinden. Die Straßen dröhnen, die Fenster zittern unter dem Rasseln und Scheppern der Raupenketten. Ohne sich lange mit der Besatzung zu beschäftigen, jagen die Panzerbesatzungen durch, und erst hinter dem Städtchen, auf einer Anhöhe, befiehlt Rommel Halt. Zu viele französische Truppen vor ihnen versperren den Weg. Außerdem ist nun die Verbindung nach hinten gänzlich abgerissen, und plötzlich erhalten sie auch aus Richtung der Stadt vereinzelten Beschuß. Das müssen Panzerabschüsse sein!

Hinter ihnen ist bald der Teufel los.

In Avesnes beginnt es zu knallen, knattert und kracht es zunehmend von allen Seiten. Die Franzosen in der Stadt sind jetzt vollends im Bild und setzen sich zur Wehr. Es kommt zu erbitterten Straßenkämpfen, zu einem harten, nächtlichen Ortskampf. Besonders die nachfolgenden Teile werden darin verstrickt, die nun ebenfalls durch Avesnes wollen, wo ihnen jedoch der Feind den Weg versperrt. Die leichten Panzer, Spähwagen und Kradschützen kommen zunächst nicht weiter. Sie können gegen die stark gepanzerten schweren französischen Kampfwagen nichts ausrichten, die in den Nebenstraßen auftauchen, hinter Gebäudeecken stehen und ein heftiges Feuer in alle Richtungen eröffnen.

Der Generalmajor mit seiner Panzerspitze jenseits der Stadt scheint abgeschnitten.

Es sieht nicht zum besten aus für Rommel und seine Männer.

Das Kampfgetöse in Avesnes wird immer stärker.

Vor den auf der anderen Seite der Stadt anhaltenden Panzern steht Hauptmann Maltzahn, Führer einer schweren Panzerkompanie. Er horcht und blickt in die helle Nacht nach Osten und macht ein bedenkliches Gesicht.

„Nichts von eigenen Teilen zu entdecken, die doch nachkommen sollten. Sieht ganz so aus, als ob wir allein hier vorn wären und jede Verbindung nach hinten unterbrochen wäre."

Leutnant Hinke, der sich neben ihm die vom langen Fahren lahm gewordenen Beine vertritt, meint grimmig:

„Links ist Feind, rechts ist Feind, hinter uns ist nichts – aber vorn ist Rommel!"*

Leutnant Hamberger, der den II. Zug führt, lächelt verkrampft.

„Is' ja schön und gut, daß der Kommandeur selbst mit

* Diese Feststellung sollte in der ganzen Division bald zum geflügelten Wort werden.

uns vorn ist – mir wär' aber wohler, wenn ich wüßt', was dahinten gespielt wird. Da scheint ja allerhand los zu sein."

„Wird sich wohl was zusammenbrauen", stimmt ihm Oberleutnant Koch aus dem Kreis der Offiziere zu.

Sie sollten es gleich erfahren ...

Ein staubbedeckter Kradfahrer rast aus der Stadt heraus, stoppt ab, als er die Panzer sieht, fährt im Schrittempo daran vorbei und fragt immer wieder:

„Der General? – Wo ist der General?"

Hinke ruft ihm zu: „Da mußt du dich schon ein bißchen weiterbemühen – weiter vor nämlich ..."

Hauptmann Maltzahn setzt sich in Bewegung.

„Los, meine Herren, nichts wie hinterher, dann hören wir gleich aus erster Quelle, was anliegt."

Mit schnellen Schritten folgen sie dem Kradmelder, der ein Stück entfernt vor zwei Offizieren angehalten hat, die an einem Panzer lehnen.

Das muß der General sein, denkt der Melder. Er hatte Rommel schon wiederholt gesehen, an der Maas und auf dem Vormarsch; er bemerkt die Generalsspiegel und erkennt den Kommandeur daran, daß er im Gegensatz zu seinen Soldaten keine schwarze Panzermütze, sondern eine Schirmmütze mit großer Brille trägt. Der andere Offizier neben ihm, das muß der Kommandeur des Panzerregiments sein.

Ohne den Motor abzustellen, das vibrierende Kraftrad zwischen den Beinen jonglierend, hält der Melder an und haspelt heraus:

„Herr General – starker Widerstand in Avesnes – Feind in der Stadt – viele Panzer – schwere Verluste."

„Nur nicht so aufgeregt, Mann“, weist ihn Rommel scharf zurecht, „melden Sie gefälligst etwas präziser!“

Der Melder holt tief Luft, dann fährt er kleinlaut fort: „Bisher sind zwei unserer leichten und ein Kanonenpanzer außer Gefecht gesetzt worden. Auch die Kradschützen haben gegenüber den französischen Tanks einen schweren Stand. Ihre leichten 3,7-cm-Pak schlagen nicht durch.“

Die vier Panzeroffiziere, die inzwischen nachgekommen sind und sich an die kleine Gruppe herangedrängt haben, hören gerade noch die letzten Worte des Melders.

Da fährt Maltzahn unwillkürlich heraus: „Nun haben wir den Salat. Jetzt macht der Gegner hinter uns dicht.“

Rommel blickt den Panzerhauptmann kühl an.

„Ich glaube, Sie sind nicht ganz dicht.“

Dann sieht er auch Leutnant Hinke stehen und meint freundlicher:

„Gut, daß Sie da sind, Hinke.“ Er kennt den Leutnant bereits von der Maas her, wo dieser sein Begleitoffizier gewesen war.

„Hinke“, sagt Rommel in seinem kurzen Befehlston, „Auftrag für Sie: kehrt marsch und noch einmal zurück. Die französischen Panzer abschießen!“

Die Offiziere sehen sich an. Aber Hinke tut so, als wäre dieser Befehl die einfachste Sache der Welt, schlägt die Hacken zusammen und antwortet nur: „Jawoll, Herr General!“

„Den können wir schon auf die Verlustliste setzen“, murmelt Koch hinter ihm her, aber so leise, daß es Rommel nicht hören kann.

Der deutsche Durchbruch bei Sedan am 14.Mai 1940

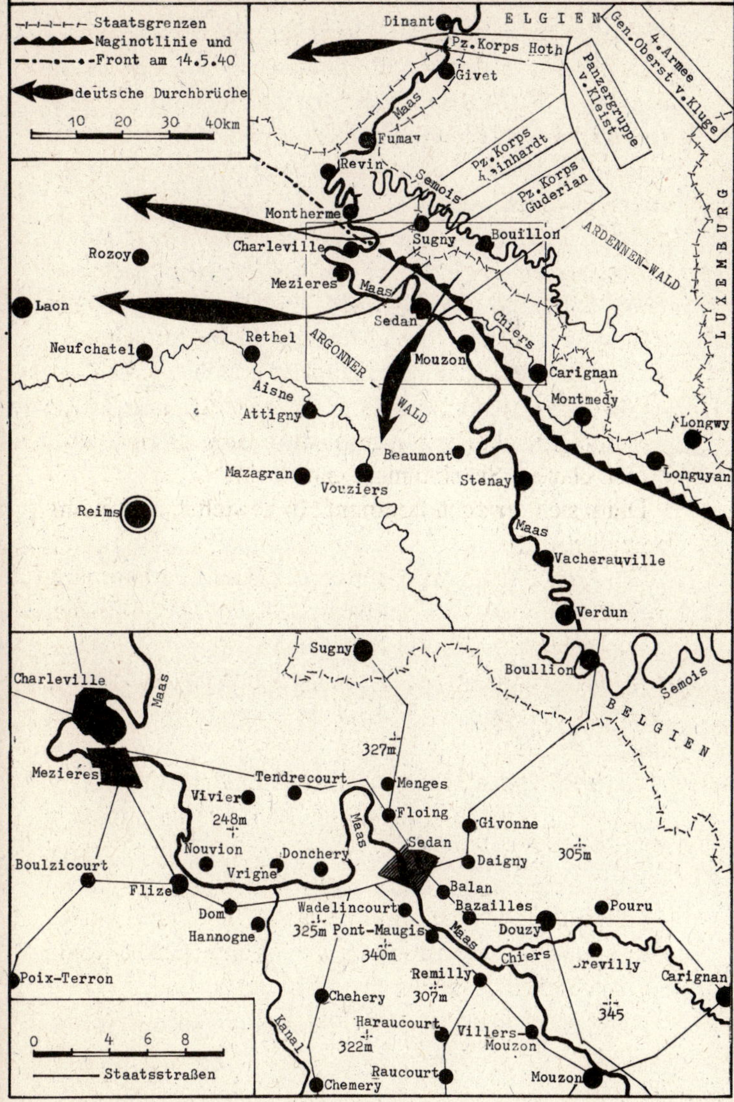

Mit den Ketten knirschend und mahlend, wendet Hinke mit seinem schweren Panzer IV auf der Stelle und rollt zurück, hinein in die brennende, rauchende Stadt, aus deren Straßen das Hämmern der Maschinengewehre, das Pauken der Handgranaten, das Hallen der Gewehrschüsse und die bellenden Abschüsse der feindlichen Panzer dringen.

Jetzt sind sie an den ersten Häusern. Die Umrisse abgeschossener deutscher Panzer werden sichtbar. Dann brennende Kübelwagen, zersiebte Krafträder der Kradschützen und Tote in feldgrauen Uniformen – alles von dichtem, schwarzem Qualm überlagert.

„Da scheint der Melder nicht groß übertrieben zu haben“, knurrt Hinke, „das sieht hier wirklich übel aus.“

„Da hat's die Unsern ganz bös erwischt“, setzt Ahlers, der Richtschütze, neben ihm hinzu, und im gleichen Augenblick entfährt es ihm: „Herr Leutnant – da – 50 Meter voraus – Feindpanzer!“

Tatsächlich! – Hinter träge dahinwehenden Rauchschwaden ist im ungewissen Mondlicht die runde Turmkuppel eines französischen Kampfwagens zu sehen.

„Typ Renault“, schätzt Hinke ab und befiehlt:

„Turm 9 Uhr – Entfernung 50 – Panzergranate – Feuer!“

Mit scharfem Abschußknall verläßt die 5-cm-Granate das Rohr, schmettert drüben an den 12tonner, daß die Funken wegspritzen. Sie haben den dicken Turm seitlich getroffen, die Granate ist weggerutscht.

Jetzt hat auch der „Renault“ den plötzlich herangekommenen Gegner erkannt, dreht ruckartig den Turm mit dem kurzen Stummelrohr. Aber noch ehe er zum Abschuß kommt, schlägt schon die zweite und gleich darauf die dritte Panzergranate genau oberhalb des Turmes ein. Mit einem fetzenden Krach reißt es die obenauf sitzende Kuppel ab.

Da taucht bereits ein zweiter Panzer auf. Kurzer Schußwechsel auf nahe Entfernung. Wie von einem mächtigen Schmiedehammer dröhnt es gegen den Bug des Panzers IV, daß der Fahrer einen Moment lang benommen vornübersackt.

Doch die französische 3,7-cm-Granate schlägt nicht durch. Im nächsten Augenblick zischt drüben am „Renault" eine feurige Lohe auf. Volltreffer in das Heck! Der Betriebsstoffbehälter explodiert.

Und noch einen dritten Panzer treffen sie, als sie wieder anrollen und gerade um die nächste Hausecke biegen. Er feuert nach vorn in eine Seitenstraße, und seine Besatzung merkt nicht, daß sich ihnen ein deutscher Panzer von hinten nähert. Auch dieser Tank wird abgeschossen. Diesmal war es ein „Hotchkiss".

Aber nicht nur Leutnant Hinke mit seiner Besatzung vernichtet drei Gegner, auch die von Osten, von der anderen Seite her nachfolgenden und in die Stadt eindringenden deutschen Panzer schießen in harten Gefechten noch acht feindliche Kampfwagen ab, wobei auch eine Anzahl eigener Panzer ausfällt. Drei französische Tanks werden noch erbeutet, die von ihren Besatzungen verlassen worden waren.

Das war der Kampf mit den letzten 17 Kampfwagen der schon in den vergangenen Kämpfen weitgehend dezimierten französischen 1. Panzerdivision. Nur drei Tanks entkamen aus Avesnes. Bald hörte die Division gänzlich zu bestehen auf.

Erst im Morgengrauen ließen die blutigen und verlustreichen Straßenkämpfe nach.

Unterdessen war es 04.00 Uhr früh geworden.

Die deutschen Panzer standen schon 15 Kilometer hinter der verlängerten Maginot-Linie, hatten das vom Korps für den 17. Mai befohlene Tagesziel Avesnes bereits genommen und beim Gegner ein heilloses Durcheinander angerichtet. Diese Verwirrung galt es nun auszunutzen, ohne mit Tanken und Munitionieren lange Zeit zu verlieren und darauf zu warten, bis alles aufgeschlossen haben würde.

Etwa 20 Kilometer voraus verlief die Sambre. Wenn es gelang, die Brücke über diesen Fluß unversehrt in die Hand zu bekommen, ehe sich der Feind dort zu neuem Widerstand festsetzen konnte, dann war schon viel gewonnen.

So dachte Generalmajor Rommel, und er brannte darauf, die Gunst der Stunde zu nutzen. Außerdem glaubte er, daß ihm bald seine ganze Division nachfolgen würde.

Inzwischen waren jedoch bei dem schnellen Vorstoß alle Verbindungen nach hinten abgerissen. Selbst der eigene Divisionsstab wußte noch nichts von dem geglückten Durchbruch durch die Festungslinien und dem Überraschungsschlag gegen Avesnes.

Rommel funkte an das Korps um neue Befehle. Da aber anscheinend die Funkverbindung nicht klappte und er keine Antwort erhielt, entschloß er sich, aus eigener Verantwortung weiter nach Westen bis Landrecis vorzustürmen, erst einmal den dortigen Sambre-Übergang zu nehmen und einen Brückenkopf zu bilden. Dann würde man weitersehen.

Nachdem in der Zwischenzeit die Panzerspitze damit beschäftigt gewesen war, die zahllosen gegnerischen Soldaten zu sammeln, die in der Gegend umherliefen, gab Rommel gegen 04.30 Uhr den Befehl, erneut anzutreten.

So führten nach einem Abend und einer Nacht fast pausenloser Fahrten und Kämpfe die I. und II. Panzerabteilung mit einigen Einheiten der Aufklärungsabteilung und des Kradschützenbataillons den Vorstoß fort.

Die Sambre und Landrecis waren das nächste Ziel! Rund 20 Kilometer waren es bis dahin.

Von neuem setzten sich die Panzer in Bewegung, obwohl hinter ihnen in Avesnes die Kämpfe noch andauerten.

Rommel trieb schon wieder an:

Panzer – marsch! Weiter!

Wenn es auch zwischendurch manchmal so ausgesehen hatte, aber der Vorstoß der „Vorausabteilung" der 7. Panzerdivision ist noch lange nicht zu Ende.

Und wieder sind es in der entweichenden Nacht und im grauenden Morgen die gleichen Bilder wie in den vergangenen Stunden, wieder rollt das neue Geschehen wie ein atemberaubender Film mit ständig wechselnden dramatischen Szenen und Ereignissen ab.

Die Munition ist bereits knapp geworden, deshalb fahren die Panzer mit schweigenden Kanonen und Maschinengewehren in den heller werdenden Tag hinein.

Schon nach kurzer Zeit werden wieder lange französische Truppenkolonnen eingeholt.

Doch ohne sich lange von den völlig überraschten Gegnern aufhalten zu lassen, die da auf der Straße marschieren und fahren, rollen die deutschen Panzer im Morgengrauen an ihnen vorbei.

Die Panzerkommandanten hängen mit den Oberkörpern aus den Türmen, winken im Vorbeifahren, schreien aus den offenen Luken immer wieder:

„À droite – à droite!“ – „Rechts ran – rechts ran!“

Wo nicht sofort Platz gemacht wird, feuern die MG. Wenn aber die Fahrbahn vollkommen verstopft ist, walzen die Panzer längs der Straße weiter. Zwischendurch feuern sie auf französische Batterien, die zu beiden Seiten in den Wiesen in aller Eile in Stellung gegangen sind, um sie aufzuhalten – umsonst.

Wieder ist die Verwirrung beim Gegner grenzenlos, und er ist zu keinem wirkungsvollen Widerstand fähig. Jetzt sind es die Resteinheiten der 1. Panzerdivision, die überrollt werden. Nur noch ein Schützenbataillon kann nach Norden in den Mormal-Wald entkommen.

Der neue Tag bricht mit strahlender Sonne an, und vor der Panzervorhut liegt die fast schnurgerade Straße nach Landrecis, die wiederum von Soldaten und Fahrzeugen wimmelt. Nun trifft es die französische 5. mot. Division, die gerade dabei ist, sich nach Westen zurückzuziehen, und sich auf dem Marsch nach La Chapelle befindet. Ehe die Division nur an eine Abwehr denken kann, ist sie bereits überrumpelt.

In zwei und drei Reihen drängen sich starke motorisierte Verbände, vermischt mit der flüchtenden Bevölkerung – Soldaten, Zivilisten, Pkw, Pferdegespanne, Lastkraftwagen und einzelne Panzer dazwischen.

Der Kommandant des vordersten Panzers richtet sich in seinem Turm auf und schreit:

„Werft die Waffen weg!“

Viele tun es, andere flüchten seitwärts in die Felder, die meisten wissen überhaupt nicht, was sie machen sollen. Aber nirgendwo regt sich Widerstand, so völlig verwirrt und verblüfft ist der Gegner.

Generalmajor Rommel ist genauso schmutzig, unrasiert, verstaubt, übermüdet, hungrig und durstig wie seine Panzermänner. Er spricht, wie es seine Art ist, nur wenig, gibt knappe Befehle, überfliegt Meldungen, scheint mit dem Blick seiner Augen überall zu sein.

Und dennoch übersieht er etwas – und das genau in dem Augenblick, als sein gepanzerter, aber nur spärlich bewaffneter Befehlswagen mitten in einer französischen Kolonne steckenbleibt. Da steht nämlich – hinter Fuhrwerken verdeckt – mit laufendem Motor ein schwerer B-1-Kampfwagen, der nun plötzlich seinen Turm dreht, so daß das Rohr drohend hinter einem der hochgetürmten Wagen zum Vorschein kommt. Keine zehn Meter von Rommel entfernt, der im offenen Kommandoraum seines Wagens steht, reckt sich ihm das Geschütz des feindlichen Kampfwagens entgegen.

„Herr General – seitwärts von uns . . .!“ reißt ihn der Ordonnanzoffizier, Oberleutnant Reimers, am Ärmel.

Rommel ruckt herum – und kann nun genau in die Rohrmündung blicken.

Unbewußt mag er folgendes registriert haben: Mit ihrer einzigen Bewaffnung, den beiden Bord-MG, könnten sie gegen das gepanzerte Ungetüm überhaupt nichts ausrichten. Die eigenen Panzer vor und hinter ihnen haben wegen der Menge der Fahrzeuge kein Schußfeld, vermögen also nicht einzugreifen. Ein, zwei Granaten aus dem französischen Tank würden genügen, seinen Befehlswagen in Fetzen zu reißen...

Sollte das hier, auf der Straße nach Landrecis, sein Ende sein?

Jetzt mußten sie drüben abfeuern... Sekunden zermürbender Erwartung.

Doch der voraus befindliche Panzerkommandant hatte aufgepaßt. Er kann zwar, weil er behindert ist, nicht schießen, aber aus seinem Turm schwingt sich plötzlich eine schwarze Gestalt, rennt auf den 32tonner zu, klettert blitzschnell hinauf und hämmert mit dem Pistolenknauf gegen den Turmdeckel.

Nichts! – Doch dann hebt sich langsam der halbkugelförmige Deckel, klappt zurück, ein lederner Helm wird sichtbar, dreckig und ölverschmiert schiebt sich ein Mann der Besatzung heraus, hinter ihm noch drei andere. Mit vorgehaltener Pistole zwingt sie der deutsche Feldwebel zum Verlassen ihrer stählernen Festung. Die Franzosen rutschen von ihrem Panzer herab, stehen völlig verdattert da, sehen sprachlos den Generalmajor im Befehlswagen vor sich. Rommel ruft, und es ist deutlich zu vernehmen, wie seine Stimme erleichtert klingt:

„Gut gemacht, Feldwebel! Sie melden sich später bei mir!“

Auch sein Ordonnanzoffizier atmet hörbar auf.

„In letzter Minute nochmals gutgegangen“, sagt er heiser und setzt hinzu: „Da haben diese Leute aber ’ne Chance verpaßt . . .“

Das mag dann wohl auch der französischen Panzerbesatzung zum Bewußtsein gekommen sein, daß es in ihrer Hand gelegen hätte, einen deutschen Panzergeneral – und was für einen – abzuschießen. Aber jetzt war es zu spät dazu.

Rommel treibt schon wieder an. Nichts hält die Angriffsfahrt an diesem frühen Morgen des 17. Mai mehr auf.

Kilometerweit ist die Straße mit stehengelassenen motorisierten und bespannten Fahrzeugen bedeckt, mit Ausrüstungsgegenständen, Helmen, Mänteln und Tornistern, hingeworfenen Waffen, Maschinengewehren und Geschützen, dazwischen die qualmenden Überreste einzelner französischer Panzer. Immer mehr Gefangene marschieren beiderseits der Straßenränder zurück, in Trupps, Gruppen, ganzen Abteilungen und schließlich in endlosen Zügen: Hunderte, Tausende. – 4000 allein sind es auf diesem Weg.

Und weiter fahren die Panzer.

Nachdem die langen Kolonnen auf der Straße überrollt sind, wird eine große Anzahl französischer Soldaten noch in oder vor ihren Unterkünften gestellt. Überall streckt, vom Panzerschreck erfaßt, die französische Infanterie vor den plötzlich in aller Frühe auftauchenden deutschen Kampfwagen die Waffen.

In den Dörfern werden Truppenteile überrascht, die sich gerade auf den Bürgersteigen sammeln, sich am Straßenrand eben marschfertig machen und die noch keine Ahnung haben, was da auf sie zukommt. In voller Ausrüstung stehen sie da, mit umgeschnallten Patronentaschen und Seitengewehren, die Gewehre umgehängt – und sehen entgeistert die vorbeirollenden Panzer. Radfahrer lassen ihre Räder fallen, Kradschützen heben noch auf ihren Motorrädern und in den Beiwagen die Arme.

Andere französische Soldaten können sich gar nicht vorstellen, daß dies hier schon Deutsche sind. Mehrmals werden die Panzermänner hoffnungsvoll gefragt, ob sie denn Engländer wären. Doch die grinsen nur und schütteln den Kopf. „Nix Anglais."

Auf dem Marktplatz des nächsten Ortes stehen Hunderte französischer Infanteristen abmarschbereit. Als sie die Kampfwagen mit den Balkenkreuzen sehen, wollen sie in den Seitenstraßen verschwinden.

Da schwenken die Panzer ihre Türme mit den Rohren. Es ist eine unmißverständliche Bewegung, und sie verfehlt auch ihre Wirkung nicht. Arme recken sich rasch empor.

In einer Ortschaft unweit der Sambre hallt es plötzlich von rechts heran, und über die breite, lange Dorfstraße trappeln Hufe. Zwischen den deutschen Panzerwagen galoppieren wie die wilde Jagd französische Kavalleristen durch; die Säbel in den Fäusten, die Köpfe auf den Hals der Pferde gedrückt, hocken die Reiter auf ihren Rossen. So brechen sie durch, und niemand schießt vor lauter Staunen hinter ihnen her.

Dann wird ein Befehlswagen mit einem Stander überholt, der in dem allgemeinen Chaos steckengeblieben war. Als der französische General mit seinen Stabsoffizieren zu einem ersten schnellen Verhör gebracht wird, lauten seine ersten Worte:

„Unmöglich – was können wir schon ausrichten gegen diese Gespensterdivision!“

In dieser Stunde wurde zum erstenmal jener Name ausgesprochen, den die 7. Panzerdivision fortan tragen sollte:

„Gespensterdivision“!

In der Zwischenzeit waren alle Verbindungen nach hinten restlos abgerissen. Das Korps, der Divisionsstab und die noch zurückgebliebenen Schützenregimenter hatten schon längst keine Ahnung mehr, was sich alles getan hatte und wo sich Rommel mit seinem Panzerregiment überhaupt befand.

Auch die nachfolgenden Teile der „Vorausabteilung“ wußten nicht, wo denn nun eigentlich die Spitze schon stand. Was aber noch nicht in Gefechte mit dem allmählich zunehmenden Widerstand leistenden Feind verwikkelt und aufgehalten wurde, kam einfach hinterher. Irgendwo und -wann würde man schon wieder auf die Panzerspitze und Rommel treffen.

Lediglich einige Panzerspähwagen und Kradschützengruppen hatten sich bisher durch den auflebenden Feindwiderstand und das Chaos auf den Straßen durchschlagen können.

Der Panzerspähzug 2 von Unteroffizier Hartmut ist mit dabei.

Doch es sind keine drei Spähwagen mehr, wie noch gestern bei der Erkundung und Aufklärung gegen die verlängerte Maginot-Linie. Der eine Wagen wurde nachts kurz vor Avesnes von einer französischen Pak abgeschossen, der andere war irgendwo abgeblieben.

„Wird schon noch nachkommen", brummelt Hartmut. Er lehnt an den oben geöffneten Schutzgittern ihres Vierradwagens und sieht müde und abgespannt in die morgendliche Umgebung. Aber da gibt es nichts weiter zu sehen als Gefangene, die links und rechts in den Straßengräben zurückgehen, und zwischendurch immer wieder auf und neben der Fahrbahn stehengebliebene und zertrümmerte Fahrzeuge: ein beinahe schon gewohntes Bild. Dazu voraus hin und wieder ein paar hallende Kanonenabschüsse oder kurze MG-Stöße, wenn sich die Panzerspitze ihren Weg freikämpft.

Unten im kleinen Turm döst der Gefreite Bradler trotz des Rüttelns und Schüttelns des Fahrzeugs mit geschlossenen Augen vor sich hin. Auch Stammer auf seinem Fahrersitz ist schläfrig, hält aber eisern das Lenkrad umklammert und fährt den Spähwagen geschickt an allen Hindernissen vorbei.

Kein Wunder, daß wir alle todmüde sind, denkt Unteroffizier Hartmut, muß ja wohl so sein bei dieser Hetzerei. Über 24 Stunden, seit Froid Chapelle, sind wir nun schon unterwegs, ohne größere Rast und Ruhepause. Wird wirklich langsam Zeit, daß diese Schinderei endlich zu Ende geht und wir mal wieder eine Mütze voll Schlaf nehmen können.

Ein noch fernes Summen, das rasch näher kommt, läßt ihn aufmerksam werden. Das Geräusch wird lauter, und als der Unteroffizier hochblickt, sieht er eine ganze Staffel Flugzeuge im Anflug auf die Straße, auf der sie und die anderen Kampffahrzeuge unterwegs sind.

Auch Bradler ist von dem nahenden Motorengebrumm aus seinem Dahindösen gerissen worden und kommt neben Hartmut im Turm ihres Spähpanzers hoch.

„Was 'n los?“ fragt er verdrießlich, beschattet aber gleich die Augen gegen die helle Morgensonne und stellt fachkundig fest:

„Typische Form – sind Stukas!“

Unteroffizier Hartmut freut sich – wie es jeder Soldat tat, wenn eigene Flieger auftauchten, die stets Hilfe und Unterstützung brachten.

Doch da wird Bradler unruhig.

„Die kommen ja direkt auf uns zu“, meint er mit einem unbehaglichen Unterton in der Stimme.

Auch Hartmuts nach oben gerichteter Blick wird langsam mißtrauisch.

„Was wollen die denn von uns“, sagt er beklommen, „die drehen ja über uns ein.“

Mit mächtigem Dröhnen sind die Stukas jetzt fast über ihnen, und tatsächlich: Der Verband löst sich in einzelne Ketten (drei Maschinen) auf, die jetzt lange Schleifen zu ziehen beginnen – das bekannte Zeichen dafür, daß sie bald zum Sturzflug übergehen würden.

„Verdammt noch mal, sind die denn verrückt geworden? Das sieht doch nach einem Angriff auf uns aus!“ ruft Bradler aufgeregt. „Das hat uns gerade noch gefehlt.“

„Schnell her mit der Leuchtpistole!“ schreit ihm Hartmut zu.

In höchster Eile taucht Fritz Bradler in den Wagen, zerrt die klobige Pistole aus der Halterung, lädt eine Leuchtpatrone und ist schon wieder im Turm.

Der Unteroffizier reißt ihm die Pistole aus der Hand, richtet sie steil nach oben, schießt ab.

Mit sprühendem Schweif zischt die Leuchtpatrone hoch und zerplatzt am lichten Morgenhimmel zu einem weißen Stern. Und noch einmal schießt Hartmut ab, und auch aus den anderen vor und hinter ihnen befindlichen Fahrzeugen steigen weiße Signale hoch.

Weiß aber bedeutet: Hier sind eigene Truppen!

Die Signale waren keinen Augenblick zu früh aufgestiegen.

Endlich, nach bangen Sekunden, in denen alles den Atem anhält und mit aufgerissenen Augen nach oben starrt, scheinen die Stukas kapiert zu haben, daß dies da unten auf der Straße keine zurückflutenden französischen Truppenkolonnen, sondern schon eigene vorrollende Panzerabteilungen sind. Sie sammeln sich wieder und nehmen neuen Kurs auf, Richtung Westen.

Nur eine Maschine kommt noch herunter, fliegt tief über die deutschen Kampfwagen hinweg und wackelt mit den Tragflächen zum Zeichen dafür, daß sie verstanden haben. Dann folgt sie den anderen nach.

Wenige Minuten später ist das Motorendröhnen weiter westlich zu vernehmen, wo die Stukas offenbar ein Ziel vor der Panzerspitze angegriffen haben.

„Das ist im letzten Augenblick noch mal gutgegangen", japst Bradler. „Die Hornochsen hatten es doch direkt auf uns abgesehen. Wenn uns diese Ladung erwischt hätte" – er deutet dabei voraus, wo am Horizont eine schwarze Rauchwand aufwächst –, „dann wär' endgültig Feierabend gewesen."

Auch Unteroffizier Hartmut atmet noch ziemlich schnell. Doch er verteidigt die Stuka-Flieger:

„Können ihnen kaum einen Vorwurf machen. Die haben hier auf keinen Fall schon deutsche Panzer vermutet. Und uns hier in dem Durcheinander der zahllosen französischen Fahrzeuge herauszufinden, war für sie doch einfach nicht möglich."

Von unten herauf dringt Stammers Stimme, der von den Vorgängen nichts mitbekommen hatte:

„Was ist denn da oben?"

Bradler beugt sich zu ihm hinunter.

„Nichts Besonderes, Rolf – nur der Heldentod durch eigene Stukas ist gerade noch mal an uns vorbeigegangen . . ."

Kurz nach 06.30 Uhr knirschen die Ketten auf dem Pflaster von Landrecis. Panzer hinter Panzer fährt durch die jäh aus dem Schlaf gerissene, aufgestörte Stadt. Da ist auch schon die steinerne Brücke über die Sambre, die – kaum zu glauben – noch unversehrt und nicht gesprengt ist. Nicht einmal verteidigt wird sie.

Dicht aufgeschlossen rollt die Panzerspitze über die Brücke. Es ist geschafft, der wichtige Übergang über den Fluß ist kampflos gewonnen worden. Rommel läßt es mit Genugtuung zurückfunken.

Hier gibt es wieder einen zwangsweisen Marschhalt. Bis die ersten Kradschützen aufgeholt haben und den Schutz der Brücke übernehmen können, muß diese von den Panzern gehalten werden, die rund um den Sambre-Übergang in den Straßen und Gassen zur Sicherung auffahren.

Leutnant Hinke, der den Deckel der Kommandantenkuppel seines Panzers IV zurückgeworfen hat, wischt sich über das verdreckte Gesicht, das fast so schwarz wie seine Panzermontur geworden ist, und atmet tief die frische Morgenluft ein.

Im Panzerinneren, dessen Luken gleichfalls geöffnet sind, reckt und streckt sich der Richtschütze Ahlers, so gut er es in der Enge des Kampfraumes vermag.

„Jetzt wär' 'n richtiger heißer Kaffee fällig und 'n dikkes Frühstück dazu“, seufzt er.

„Du stellst vielleicht Ansprüche, ich wär' schon mit irgendwas zum Trinken zufrieden“, krächzt von unten herauf Hübner, der Fahrer. „Mein Hals ist wie 'ne Brandstelle. Und seit gestern nacht kein Tropfen Wasser mehr an Bord.“

Auch Korleis, der Funker, meckert: „Es muß einfach was zu trinken her, sonst verdurst' ich noch in diesem verdammten Brutkasten.“

Havemann, der Ladeschütze, ist der gleichen Meinung und ruft zu Hinke hinauf:

„Herr Leutnant, wie steht's, könnten wir uns nicht mal in der Nachbarschaft nach was Trinkbarem umsehen?“

Hinke hat Verständnis dafür.

„Meinetwegen“, stimmt er zu, „machen Sie sich mal auf die Socken, und nehmen Sie die Feldflaschen und den Kanister mit. Bleiben Sie aber in der Nähe, und kommen Sie gleich wieder zurück. Sonst fahren wir inzwischen womöglich ohne Sie ab. Und jetzt ab mit Ihnen, in spätestens fünf Minuten sind Sie zurück!“

Havemann braucht gar keine fünf Minuten, bringt aber auch kein Wasser mit.

Kaum ist er verschwunden, sieht ihn Hinke schon wieder aus einer Seitenstraße herausstürmen.

„Nanu, der rennt ja, als säße ihm der Teufel im Genick, das ist doch sonst nicht seine Gangart“, wundert sich der Panzerkommandant, als der Gefreite schon heran ist und zum Turm hinaufkeucht:

„Gleich um die Ecke, keine 50 Meter weit, ist ’ne französische Kaserne. Da steht ein Wachtposten davor und wollte mit seiner Spritze auf mich ballern.“

Leutnant Hinke überlegt nicht lange. „Das müssen wir uns ansehen“, meint er. „Dann also mal los!“

Havemann ist wieder aufgesessen und hat seinen Platz als Ladeschütze eingenommen. Mit geschlossenen Luken fährt der Panzer IV kampfbereit an, biegt mit rukkenden, scheppernden Ketten in die nächste Straße.

„Gleich da vorn, auf der rechten Seite“, erklärt Havemann dem Leutnant.

In der Häuserzeile steht ein langgestreckter grauer Bau unter einem großen eisernen Tor, das verschlossen ist. Von einem Posten ist nichts mehr zu sehen. Aber um eine Kaserne handelt es sich zweifellos.

Leutnant Hinke überblickt aus den Schlitzen seiner Kuppel die Umgebung. Menschenleer, wie ausgestorben, liegt die Straße da. Auch bei der Kaserne ist niemand zu entdecken. Und doch hat der Leutnant das unbestimmte Gefühl, als ob sie von Hunderten von Augenpaaren beobachtet würden.

„Los, auf das Tor zu!“ sagt er dann über das Bordsprechgerät.

Der Fahrer dreht ein, gibt Gas, und dann prallt der schwere Panzer gegen das Eisentor, dessen beide Flügel aus den Angeln gerissen werden. Ein freier, weiter Hof, von der Morgensonne beschienen, liegt nun vor ihnen. Eine Fahne bauscht sich am Mast, aber kein Mensch ist zu sehen.

Hinke läßt auf die Mitte des offenen Platzes fahren und stoppen. Ganz wohl ist ihm in diesem Gebäudegeviert, wo sie kaum Bewegungsfreiheit haben und leicht aus sicherer Deckung beschossen werden könnten, natürlich nicht. Aber nun sind sie mal hier, und er will's genau wissen.

Auch die übrige Besatzung hält die Erregung gefangen.

Was wird geschehen?

„Gebt mal 'nen Schuß ab", befiehlt Hinke, „übers Dach weg!"

Fauchend zischt die 7,5-cm-Granate aus dem kurzen Stummelrohr in den Morgenhimmel hinein.

Mit gespannten Gesichtern sehen sich die fünf Männer im Panzer an.

Noch immer nichts ...

Doch da! – Ahlers hatte es zuerst gesehen: Aus einem der Fenster in der langen Reihe des Oberstocks erscheint ein weißes Tuch, das langsam hin und her geschwenkt wird.

Hinke befiehlt noch: „Paßt gut auf!" Dann sagt er zu Havemann: „Mitkommen!" Kurz darauf klettert er schon aus dem Turm.

Mit langen Schritten gehen beide über den Platz, betreten den mittleren, größten Bau.

Laut hallen ihre Stiefel auf den Fliesen des breiten Korridors.

Was der Leutnant hier nur will? Havemann fühlt sich reichlich unbehaglich, als er neben Hinke in dieser französischen Kaserne hertrappt, die allerhand unliebsame Überraschungen bergen kann.

Er braucht sich nicht länger den Kopf zu zerbrechen, denn Hinke bleibt mitten auf dem langen Gang stehen, holt tief Luft und brüllt dann mit voller Lautstärke, daß es von den Wänden widerhallt:

„Die Offiziere zu mir!"

Langsam verebben die Rufe. Dann ist zu hören, wie sich irgendwo Türen öffnen, wieder zugeschlagen werden, Bewegung entsteht. Und dann kommen sie schnellen Schrittes die Gänge entlang, steigen eilends die Treppen herunter, gehen auf die zwei deutschen Panzermänner zu, die mit schußbereiten Pistolen an der Wand stehen.

Hinke überfliegt sie mit einem Blick: zehn französische Offiziere aller Dienstgrade, die meisten schon ziemlich bejahrte Herren. Ein Major tritt aus dem Kreis vor.

Kurze Rede und Gegenrede zwischen ihm und Leutnant Hinke, der fließend Französisch spricht.

Es stellt sich heraus, daß in dieser Kaserne ein Bataillon Reservisten liegt, erst kurz vorher aufgestellt und ohne schwere Waffen. Man hatte zwar vor einer guten Stunde durch Flüchtende von dem deutschen Panzerdurchbruch gehört, aber keine Nachrichten und Befehle von der vorgesetzten Dienststelle erhalten. Und da seine Soldaten größtenteils Familienväter und sie ohne Panzerabwehrwaffen seien, wollte er sie nicht gegen die deutschen Panzer schicken. Das hätte er nicht verantworten können, hatte der Major Hinke zu verstehen gegeben.

Dieser hatte volles Verständnis für die Lage des Gegners, denn diese kampfungewohnten Männer wären wirklich sinnlos geopfert worden.

Er gibt Anweisung, daß die Mannschaften auf dem Kasernenplatz antreten sollten, feldmarschmäßig, mit gesamter Ausrüstung und allen Waffen.

Es dauert nicht lange, da quellen aus allen Türen und Ausgängen die Soldaten heraus, formieren sich, stehen in Reih und Glied, die Gewehre geschultert.

Leutnant Hinke wechselt noch ein paar Worte mit dem französischen Major.

Der spricht einige erklärende Sätze zu seinen Leuten, schickt dann einen Capitaine (Hauptmann) vor die Front. Ein scharfes Kommando. Die Soldaten nehmen die Gewehre ab, setzen sie zusammen. Auch Patronentaschen und Seitengewehre werden abgelegt, die übrige Ausrüstung verbleibt am Mann.

Ein neues Kommando des Capitaine. Die Züge und Gruppen marschieren noch einmal an ihrem Major und Kommandeur vorbei, dem die Tränen in den Augen stehen.

Hinke hat dieses Zeremoniell nicht abgewartet. Er ist mit seinem Panzer wieder vor die Kaserne gerollt und läßt die Besatzung dort ausbooten.

„Baut euch auf, Leute“, sagt er, „und nehmt Haltung an. Gleich werden sie ankommen. Ehre dem unterlegenen Feind!“

Aus dem Kasernenhof dringen neue Kommandos, rhythmischer Marschtritt wird laut, und aus dem niedergewalzten Tor marschieren zwei entwaffnete französische Kompanien heraus, ihre Offiziere an der Spitze.

„Stillgestanden!“ kommandiert Hinke und legt grüßend die Hand an das schwarze Panzerschiffchen.

Und so geschieht es, daß die langen Reihen der französischen Soldaten an einem deutschen Leutnant und seinen vier verstaubten, rauch- und dreckgeschwärzten Männern vorbeimarschieren, die vor ihrem Panzer IV stehen. Sie bleiben in strammer Haltung, bis der letzte französische Infanterist vorbei ist.

Danach bekommen die französischen Offiziere noch knappe Verhaltensmaßregeln und setzen sich mit der Kolonne wieder in Bewegung.

Leutnant Hinke hat inzwischen wieder aufsitzen und nochmals in den Kasernenhof zurückfahren lassen. Hübner, der Fahrer, hält auf die Gewehrpyramiden zu, und unter den Raupenketten zersplittern Hunderte von Waffen.

Als sie wieder abdrehen wollen, fällt Havemann etwas ein.

„Herr Leutnant . . .“

„Was denn noch?“ will Hinke wissen, der es nun eilig hat, wieder zu ihrer Panzerkompanie zu kommen.

„. . . das Wasser“, erinnert Havemann.

Erst jetzt spürt jeder wieder den brennenden Durst, der sie vorhin so gequält hatte und der eigentlich die Ursache dafür gewesen war, daß sie die Kaserne entdeckt hatten.

„Nun machen Sie schon zu, hier wird's ja wohl genug zu trinken geben“, sagt Hinke und schickt Havemann nochmals weg.

Als Rommel von dieser Unternehmung hört, nickt er zufrieden. „Kann so bleiben, dieser Hinke!“

Das war für ihn, der mit Lob sehr sparsam ist, schon ziemlich viel.

Er vergaß den Panzerleutnant aber nicht.

Hinke erhielt als erster Soldat der Division das EK I (Eisernes Kreuz I. Klasse).

Der „Kommandierende" (General) ist wütend, das merkt auch der letzte Schreiber im Stabsquartier des XI. Korps.

Der General steht in aller Morgenfrühe vor dem weitgeöffneten Fenster des kleinen Landschlößchens und redet aufgebracht vor sich hin:

„... Auftrag für diese 7. Panzerdivision war, die verlängerte Maginot-Linie zu durchbrechen, und das befohlene Ziel für den 17. hieß Avesnes. Und nicht mehr ..."

Er hat anscheinend immer noch nicht das Ferngespräch verdaut, das vorhin der Oberbefehlshaber der Heeresgruppe mit ihm geführt hatte und in dem ihm dieser ziemlich unmißverständlich die Meinung sagte; er möge nämlich tunlichst besser auf seine offene nördliche Flanke achten und seine Divisionen gefälligst mehr am „kürzeren Zügel" führen. Es ginge nicht an, daß jeder Panzerkommandeur einfach drauflosfuhrwerke.

Das war ein deutlicher Anpfiff von ziemlich „hoch oben" gewesen, und das ärgerte den „Kommandierenden", wenn er auch im stillen beipflichten mußte, denn so ging das wirklich nicht.

Durch einen reinen Zufall hatten sie in der vergangenen Nacht einen Funkspruch des Kradschützenbataillons 7 mitgehört, dabei von der Einnahme Avesnes Kenntnis erhalten und anschließend versucht, Rommel dort „festzuhalten". Aber der Befehl erreichte ihn schon nicht mehr. Von dem Kommandeur war einfach nichts mehr zu hören gewesen.

Der General unterbricht seine Überlegungen und dreht sich abrupt um.

„Seit Stunden führen wir nun schon vom Korps aus die verschiedenen Einheiten der 7. Panzerdivision. Das ist doch nicht unsere Aufgabe, das ist Sache des Divisionskommandeurs!" bellt er. „Was ist mit diesem Rommel eigentlich?"

Der Chef des Stabes, ein Oberstleutnant, der in der Tiefe des breitflächigen Zimmers hinter einem mächtigen Schreibtisch sitzt, bis dahin schrieb und zwischendurch telefonierte, antwortet, nicht ohne einen zufriedenen Unterton in der Stimme:

„Generalmajor Rommel hat mit seinem Panzerregiment in einem Zug die verlängerte Maginot-Linie durchbrochen und . . ."

„Nun gut, weiß ich – aber deswegen braucht er ja nicht gleich nach vorn davonzulaufen", knurrt der General. „Und wo ist er jetzt?"

Der Oberstleutnant sieht nun etwas verlegen drein.

„Soviel bekannt ist, führt Rommel weiterhin die Panzerspitze."

Der „Kommandierende" glaubt nicht recht zu hören und schnaubt:

„Was – noch immer? Zum Deibel noch mal, das ist doch nicht seine Aufgabe. Er gehört nicht zur Vorausabteilung, sondern zu seinem Stab, und er hat die ganze Division zu führen und nicht etwa voraus herumzufahren. Geben Sie das sofort an ihn durch!"

„Keine Ahnung, wo er steckt“, zuckt der Oberstleutnant die Schultern, „nicht mal bei seiner Division weiß man das genau. Aber ein Oberleutnant, den ich noch in der Nacht zur Verbindungsaufnahme losgeschickt hatte, ist vor zehn Minuten zurückgekommen.“

Der General ruft erbost: „Und das sagen Sie erst jetzt? Na los doch, worauf warten wir denn noch? Herein mit dem Mann!“

Der junge Offizier, über und über staubverkrustet, übernächtigt und todmüde, macht seine Meldung. Als der General ihn dann aber auffordert, genauer zu erzählen, scheint alle Müdigkeit von ihm gewichen, und atemlos sprudelt er hervor:

„Unwahrscheinlich, Herr General, nicht zu glauben... Die verlängerte Maginot-Linie ist im Angriffsstreifen der 7. Panzerdivision völlig durchbrochen – überall sind die Truppen der Division in raschem Vorrücken – ich bin bis Avesnes gekommen – einfach unbeschreiblich – kilometerlang sind die Straßen voll von zerschossenen und stehengelassenen Panzern, Geschützen, Fahrzeugen und voller französischer Soldaten, die den Kampf eingestellt haben und waffenlos hinter unsere Linien wandern... Herr General, das ist der Sieg!“ schließt er, noch immer im Bann des Erlebten stehend.

Der „Kommandierende“ dämpft gleich seine hochschlagende Begeisterung:

„Nun beruhigen Sie sich mal wieder, von Sieg ist da noch lange nicht die Rede. Sicherlich scheint dies eine ganz schöne Sache zu sein. Aber was mich im Augenblick mehr interessiert: Haben Sie auch den Kommandeur der 7. Panzerdivision angetroffen?“

Nun muß der Oberleutnant bekennen, daß er so weit nicht vorgekommen sei und Rommel nicht gefunden habe, da dieser schon bis Landrecis vorgefahren gewesen wäre und sogar noch darüber hinaus.

Der Offizier wird mit Dank entlassen.

„Das ist doch 'ne glatte Eigenmächtigkeit von diesem Rommel", sagt der Korpsgeneral, doch sein Chef des Stabes wirft ein: „Aber der Erfolg gibt ihm recht! Wenn das stimmt, was der Oberleutnant berichtete, und daran ist wohl nicht zu zweifeln, dann ist der 7. Panzerdivision ein tiefer, schwerwiegender Druchbruch gelungen, und das bedeutet..."

„Was das bedeutet, kann ich mir selber vorstellen", unterbricht ihn der General, nun zunehmend zufriedener. „Überprüfen Sie jedoch erst noch genau die Angaben des Oberleutnants, und nehmen Sie dann die neue Lageentwicklung in die Mittagsmeldung an die Armee auf. Die werden staunen", setzt er dann noch hinzu.

„Und nicht zu knapp", ergänzt der Oberstleutnant.

„Trotzdem", der General wird wieder ernst, „versuchen Sie endlich, diesen Rommel wieder an die Leine zu kriegen und zu bremsen."

Generalmajor Rommel weiß zu dieser Stunde nicht, was man im Korps über ihn spricht oder über ihn denkt. Und wenn er es wüßte, würde es ihn sicherlich herzlich wenig interessieren. Auch mit dem Erreichen von Landrecis und der Besitznahme der dortigen Sambre-Brücke gibt er sich nicht zufrieden, obwohl sie nun bereits über 40 Kilometer hinter der verlängerten Maginot-Linie stehen und das vom Korps befohlene Ziel längst hinter ihnen liegt. Die herrschende Verwirrung beim Feind muß ausgenützt, der überraschte Gegner verfolgt werden.

Rommel drängt weiter vorwärts, seine Panzer rasseln durch das Land, allen anderen Teilen der Division weit voraus.

Noch etwa sieben Kilometer geht es weiter, zunächst durch einen dichten Wald, in dem endlose Stapel mit Artilleriemunition aufgeschichtet sind.

Die Panzermänner atmen auf, als sie den unheimlichen Wald hinter sich und wieder freies Gelände unter den Raupen haben.

Doch nun wird diesem kühnen Panzervorstoß ein Ende gesetzt – nicht etwa, weil Rommel endlich genug hat, sondern einfach deswegen, weil die Munition ausgeht, die Panzer fast keinen Tropfen Benzin mehr haben und diese von Pulverdampf, Rauch, Schweiß, Staub und Öl geschwärzten Soldaten restlos erschöpft sind.

So muß Rommel gegen 05.45 Uhr auf den gerade noch erreichten wichtigen Höhen vor Le Cateau, schon etwa 30 Kilometer von Avesnes entfernt, den Befehl zum Anhalten geben.

War bislang alles überraschend gut verlaufen, so wird es jetzt, dicht vor der kleinen Stadt Le Cateau, zunehmend kritischer. Die Lage wird für die weit vorgeprellten Panzer sogar bedrohlich.

Die französische Führung hatte sich nämlich doch schneller als erwartet gefaßt und holt nun frische Truppen herbei, um den deutschen Vorstoß endgültig aufzuhalten und die Deutschen sogar, wenn möglich, abzuschneiden oder wieder zurückzuwerfen. Nach links, in Richtung Le Cateau, ist zu erkennen, wie französische

Kolonnen aufmarschieren. Auch von rechts, von der im Norden gelegenen Festung Maubeuge kommend, werden neue Truppen im Kraftwagen- und Eisenbahntransport herangebracht.

Bald wird Rommels gepanzerte Vorhut in die Verteidigung gedrängt und muß sich in schweren Kämpfen gegen starke, von Panzern, Pak und Artillerie unterstützte französische Angriffe wehren.

Mit den wenigen Kradschützen, die gemeinsam mit den Panzern bis hierher gekommen waren oder sich noch durchschlagen konnten, wird ein „Igel“ gebildet. Die Panzer stellen sich dabei in gewissen Abständen in einem großen Kreis auf, um aus ihren Kanonen und MG mit der restlichen Munition nach allen Seiten feuern zu können, und in den Lücken zwischen ihnen graben sich die Kradschützen in die Erde ein.

Als der Generalmajor seine Truppe überblickt, die sich hier auf den erreichten Höhen zur Abwehr eingerichtet hat, da wird ihm doch ein wenig mulmig zumute, und er erschrickt innerlich. Was ihm nämlich hier zur Verfügung steht, sind nicht mehr als zwei geschwächte Panzerabteilungen und knapp eine Kradschützenkompanie.

Es fehlt an Kräften, denn die Masse der Division hängt noch weit zurück. Also müssen alle Panzer, vor allem die noch fehlende II. Abteilung, die Aufklärungsabteilung 37 und das ganze Kradschützenbataillon 7 folgen, die Artillerie muß aufschließen, und die mot. Schützenregimenter müssen nachgezogen werden. Und das so schnell wie möglich.

Auch Munition und Treibstoff müssen schleunigst heran. Verpflegung wird vorerst abgeschrieben, ans Essen denkt sowieso niemand.

Eine Funkverbindung zum Divisionsstab besteht aber nicht, und laufend treffen neue Hiobsbotschaften ein.

Gegen 06.00 Uhr meldet sich der Adjutant des Panzerregiments bei Rommel und berichtet, daß sich starke feindliche Kräfte auf halbem Weg zwischen Le Cateau und Landrecis festgesetzt hätten. Ihm sei es gerade noch gelungen, mit einem Panzer durchzukommen.

Wenig später kommt Rommels Ordonnanzoffizier, den er durch den Wald zurückgeschickt hatte, und meldet, daß die Franzosen tatsächlich von Norden her in Landrecis einzudringen versuchten und der Anschluß nach hinten zu eigenen Teilen unterbrochen und verlorengegangen sei.

Damit waren alle Verbindungen zu dem vorn gebildeten „Igel“ bedroht.

Jetzt hieß es handeln – und zwar schnell.

Und Rommel tat es.

Er befiehlt noch, den „Igel“ zu halten, koste es, was es wolle! Dann besteigt er mit seinem Ordonnanzoffizier einen Achtrad-Funkspähwagen, um selbst zurückzufahren und Verstärkungen und die so dringend benötigte Munition nachzuholen.

Es wird eine höllische Fahrt.

Der Kommandeur in seinem Spähwagen, voraus als Bedeckung ein einziger Panzer II, so geht es wieder zurück auf der Straße, auf der sie vor knapp zwei Stunden vorgerollt waren. Nun, das hätte normalerweise nicht viel zu sagen gehabt. Aber hier ist die rund 30 Kilometer lange

Strecke noch völlig ungesichert. Der in den Gegner getriebene Schlauch wird von Norden und Süden her immer wieder angegriffen, und auf der Hauptstraße befinden sich noch zahlreiche feindliche Soldaten.

Oberleutnant Reimers, dem Ordonnanzoffizier, wird es langsam unheimlich, als er sieht, daß der Weg noch mit aufgelösten oder sogar noch geschlossenen französischen Einheiten bedeckt ist. Aber er wagt darüber kein Wort an Rommel zu richten, der die große Staubbrille vom Mützenschirm über das Gesicht geschoben hat, oben im geöffneten Turm steht und unbewegt nur geradeaus sieht.

So geht es in rascher Fahrt wieder mitten durch marschierende oder lagernde Truppenverbände, die zwar in den Morgenstunden schon überrollt wurden und beim plötzlichen Auftauchen der deutschen Panzer überrascht ihre Waffen niederlegten, nun aber unschlüssig seitlich der Straße herumstehen oder biwakieren. Keiner von der Panzervorhut hatte bisher Zeit gehabt, sie zu entwaffnen oder in die Gefangenschaft zu schicken.

Rommel scheint es wenig zu kümmern, daß sich hier, weit hinter der bei Le Cateau gebildeten Abwehrstellung, noch so viele Feindtruppen befinden. Er mustert nur interessiert ihre Ausrüstung und Bewaffnung, und Reimers hört, wie er zwischendurch vor sich hinmurmelt:

„. . . viel zu wenig schwere Waffen – kaum Pak – kein Wunder, daß die armen Kerle vom Panzerschreck erfaßt wurden – solche Leute kann man nicht in einen Panzerkrieg schicken . . .“

Zwischendurch überholen sie dann wieder einzelne eigene Teile, die nach vorn streben und die der General antreibt, eilends zum Panzer-„Igel“ aufzuschließen.

Nach einiger Zeit wächst eine Staubwolke vor ihnen auf, aus der beim Näherkommen ein Solokrad sichtbar wird. Als der Meldefahrer den voraus dahinratternden Panzer II erkennt, geht er so stark auf die Bremse, daß das Krad fast ins Schleudern kommt. Ein Leutnant, den Stahlhelm schief auf dem Kopf, den Karabiner schußbereit über den Knien, schwingt sich vom Soziussitz, rennt auf den Kampfwagen zu und schreit sichtlich erleichtert zu dessen Kommandanten hinauf, der seinen Turmdekkel geöffnet hat:

„Na endlich! Wo steckt ihr denn bloß? Hab' schon gedacht, ich hätte bereits die Panzerspitze überholt und wäre mitten im Feind . . ."

Der Panzermann, dessen Gesicht fast so schwarz wie seine Uniform ist, deutet mit dem Daumen zurück.

„Da hinter uns im Spähwagen – der General!"

Rommel winkt den über und über verstaubten Offizier bereits heran.

„Was gibt's?"

Der schlägt die Hacken zusammen, sieht zu dem Spähwagen hoch, aus dem sich sein Divisionskommandeur niederbeugt.

„Leutnant Mader vom Schützenregiment 6 unterwegs zur Verbindungsaufnahme mit dem Panzerregiment 25. Ich dachte schon, ich wäre zu weit gefahren . . ."

Rommel lächelt.

„Da haben Sie aber falsch gedacht. Wenn Sie zum Panzerregiment wollen, dann müssen Sie noch ein gutes Stück weiter vor."

Der Leutnant scheint dies erst nicht glauben zu wollen, macht dann aber seine Meldung und schließt:

„Noch etwas, Herr General. Eben vorhin sind wir durch eine französische Kolonne gerast, da hätte man uns bald um ein Haar hochgenommen."

Rommel sieht den jungen Offizier schmunzelnd an und wendet sich dann ab.

Der Leutnant hat nicht übertrieben. Noch während die beiden Panzerwagen ihre Fahrt fortsetzen, rückt ihnen tatsächlich eine vollständige französische Kompanie entgegen, in guter Marschordnung und noch voll bewaffnet. Als man die herannahenden deutschen Fahrzeuge bemerkt, kommt die Kolonne ins Stocken, hält an. Rommel läßt seinen Spähwagen bis dicht an die Spitze heranfahren und durch den Französisch sprechenden Reimers an den führenden Offizier übersetzen:

„Mon Capitaine, Sie haben die falsche Richtung – kehrt marsch und zurück! Und Ihre Waffen brauchen Sie auch nicht mehr, lassen Sie diese ablegen!"

Während die Gewehre und leichten Maschinengewehre auf einen Befehl hin zu Boden poltern und anschließend unter den Ketten des Panzers II zerwalzt werden, sieht der Generalmajor seinen Ordonnanzoffizier an.

„Sehen Sie, Reimers, auch das liegt hinter uns."

Aber auch das vermag die immer stärker werdende Unruhe des Oberleutnants nicht zu beschwichtigen. Dies erst recht nicht, als sie nach kurzer Zeit einige zerschossene Fahrzeuge vom Kradschützenbataillon antreffen, deren Besatzungen im Straßengraben in Stellung liegen, ihre Verwundeten verbinden und berichten, daß sie kurz vorher einen feindlichen Vorstoß gegen die Straße abgewiesen hätten. Die übermüdeten und verdreckten Männer rufen ihnen zu, beim Weiterfahren vorsichtig zu sein, da unterwegs noch da und dort geschossen würde.

Rommel läßt wieder anfahren.

Sie nähern sich Landrecis, das sie schon vor ein paar Stunden kampflos genommen hatten. Jetzt aber hallt von dort lebhafter Gefechtslärm herüber.

Ein Panzer 38 (t) steht nahe am Ortseingang, und seine Besatzung meldet, daß der Gegner von Norden her in die Stadt eingedrungen sei. „Wir haben keinen Sprit mehr und sind deshalb hier liegengeblieben", meldet der Panzerkommandant noch.

Es ist Unteroffizier Maurer, jener Unteroffizier, der am vergangenen Nachmittag bei der Besprechung im Bereitstellungsraum vor Sivry sich nicht hatte vorstellen können, wie der Panzerdurchbruch erfolgen sollte. Und nun waren sie bis hierher vorgekommen.

Sein Divisionskommandeur fährt den ausgestiegenen Unteroffizier an:

„Liegenbleiben gibt's nicht, verstanden! Jeder Panzer wird vorn gebraucht. Stellen Sie sich nicht so an! – Wenn Ihnen Benzin fehlt, dann zapfen Sie es von den französischen Wagen ab, stehen doch genug herum!"

Während Maurers Besatzung Augen und Ohren aufreißt, kann der Unteroffizier nur noch ein „Jawoll" murmeln.

Sie kommen unbeschadet durch Landrecis, nehmen auf der offenen Straße wieder Fahrt auf, brausen weiter. Wieder werden neben ihren Waffen rastende französische Truppen passiert und durch Rufen und Winken nach hinten in Marsch gesetzt.

Doch dann bleibt in der Nähe von Maroilles der vorausfahrende Panzer II stehen. „Kettenschaden", meldet der Kommandant verärgert.

Auch das noch, denkt Oberleutnant Reimers, als sie von jetzt an allein weiterfahren, fehlt nur noch, daß unser eigener Spähwagen mitten unter den Franzosen liegenbleibt. Das wäre was, wenn sie uns gefangennehmen könnten, den General der „Gespensterdivision". Und weit und breit kein einziger deutscher Soldat, kein Fahrzeug der Division mehr zu sehen ...

Und dann geschieht es ...

Aber es kommt anders, als es der Oberleutnant insgeheim ständig befürchtet hatte.

Sie sind gerade an der Straßenkreuzung ostwärts von Marbaix angelangt.

Da taucht ein Fahrzeug auf, das in rascher Fahrt von der linken Seitenstraße auf die Kreuzung zukommt.

Sie brauchen kein Glas mehr, um zu erkennen, daß es sich um einen französischen Pkw handelt. Aber er ist nicht allein, fährt an der Spitze einer ganzen Reihe von Fahrzeugen, die da, in graue Staubschwaden gehüllt, von Norden herankommen. Wie lang diese Kolonne ist, läßt sich noch gar nicht absehen. Ersichtlich ist nur, daß es sich hier um völlig neue, im Anmarsch befindliche Feindkräfte handelt.

„Beidrehen!" schreit Rommel in den Fahrerraum hinunter.

Mit quietschenden Bremsen stellt sich der schwere Achtradwagen quer über die Straße, schwenkt seine 2-cm-Kanone auf den Gegner ein und bildet ein stählernes Hindernis, das der Feindkolonne den Weg nach Süden versperrt. Fast wäre der vorderste Kraftwagen gegen das deutsche Fahrzeug geprallt.

Die Insassen kommen überhaupt nicht zur Besinnung. Wie der Blitz ist Reimers aus dem Turm, läßt sich an der abgeschrägten Seitenwand heruntergleiten, springt an den Pkw heran und richtet seine Maschinenpistole gegen die beiden darin sitzenden Offiziere. Diese sehen erstaunt und verdutzt drein und verstehen offenbar noch nicht, was da geschehen ist.

„Suivez-moi!" – „Folgen!" ruft der Oberleutnant ohne langes Überlegen dem Fahrer zu, steigt auf das Trittbrett, klammert sich mit einer Hand am Wagen fest und hält mit der anderen die Waffe auf die französischen Offiziere gerichtet.

Schicksalsergeben tritt der Soldat am Steuer auf den Anlasser, schaltet, und der Pkw setzt sich wieder in Bewegung. Der Spähwagen ruckt ein wenig zurück und gibt gerade so viel Platz frei, daß sie daran vorbeikommen und auf die Hauptstraße nach Avesnes einbiegen können.

Fast automatisch folgen die nächsten Wagen ihrem Führerfahrzeug, vorbei an der 2-cm-Kanone und dem Bug-MG des großen Achtradwagens, der da so urplötzlich vor ihnen aufgetaucht ist, daß sie an keine Gegenwehr denken. Und die folgenden Wagenlenker in der Kolonne wissen überhaupt noch nicht, was da vorn los ist, und als sie es merken, ist es schon zu spät.

So fährt Lastwagen um Lastwagen, voll besetzt mit kampfmäßig ausgerüsteten Soldaten, die Bedienungen an den zur Fliegerabwehr aufgebauten schweren Maschinengewehren stehend, an dem Spähpanzer vorbei, in dessen Turm Rommel steht und eigenhändig die Fahrzeuge in ostwärtige Richtung weist.

Es wird dies wahrscheinlich im ganzen Krieg einmalig gewesen sein, daß ein deutscher Panzergeneral feindlichen Kampftruppen den Weg zeigte.

Dann, als der letzte Lkw vorbei ist, nickt Rommel der Besatzung seines Wagens zu, die zwar entschlossen an ihren Plätzen und hinter ihren schußbereiten Waffen gesessen, aber doch mit Herzklopfen diese feindliche Truppenvorbeifahrt erlebt hatte.

„Los, zur Spitze vor!"

So rollt an diesem Vormittag in langsamem Tempo eine Kolonne von nicht weniger als 40 französischen Kraftwagen auf Avesnes zu, vorneweg Rommel in seinem Funkspähwagen.

Hinter ihm, auf dem Trittbrett des ersten französischen Fahrzeuges, hält sich neben dem Fahrer noch immer Oberleutnant Reimers fest.

Diese Fahrt würde er so schnell nicht vergessen . . .

Der Kommandeur war gerade rechtzeitig nach Avesnes zurückgekommen.

Dort traf er auf weitere Teile seiner Division, kanzelte sie erst wegen ihres Zurückhängens ab, brachte Ordnung hinein, trieb zum Aufschließen nach vorne an und befahl, sofort Munition vorzufahren. Dann jagte er Funkbefehle und Melder zurück, um so schnell wie möglich weitere Kräfte nachzuziehen, die erst noch im Anmarsch waren.

Als er wieder vorfahren wollte, fand er auf halbem Weg nach Landrecis die II. Panzerabteilung – die beim

Durchbruch durch die verlängerte Maginot-Linie mit zum I. Treffen gehört hatte und inzwischen bis hierher gefolgt war – im Gefecht mit französischen Panzern, die durchgebrochen waren und nun den Weg versperrten.

Entlang der Straße entwickelte sich ein heftiger Kampf, bei dem es jedoch offensichtlich wurde, daß die eigenen Panzerkanonen die starke Panzerung der anderen nicht durchschlagen und somit die feindlichen Kampfwagen nicht außer Gefecht setzen konnten.

Diesmal waren es „Somua"-Tanks der französischen 1. leichten mechanisierten Division, die einen Gegenangriff versuchten.

Rommel sah sich das Kampfgewoge eine Zeitlang mit an, und sein Gesichtsausdruck wurde zunehmend unzufriedener.

So ging das nicht, so kamen sie auf der Straße einfach nicht durch.

Kurz entschlossen übernahm er die Führung der Panzerabteilung, bog damit aus und stieß nach Südwesten. Wieder trafen sie auf französische Kampfwagen und mußten sich langsam durchkämpfen.

Als sie nach Landrecis kamen, sah es dort nicht besser aus. Die Panzerabteilung erhielt schweres Pak-Feuer und mußte erneut ausbiegen.

Erst gegen Mittag traf Rommel wieder vorn bei Le Cateau ein.

Dort hatte das Panzerregiment 25 einen schweren Stand. Wie eine einsame, waffenstarrende Insel, zu einem „Igel" zusammengerollt, waren Panzer und Kradschützen weiterhin vom Gegner umringt und den ganzen Tag über heftigen feindlichen Panzerangriffen ausgesetzt.

Die Lage war noch immer alles andere als rosig. Im Rücken war Pommerieul vom Gegner bereits wieder zurückerobert worden, um Landrecis wurde weiterhin gekämpft.

Im Laufe des Tages kam auch noch die französische 9. mot. Division heran, lud nördlich der Straße Landrecis–Le Cateau aus und griff in die Kämpfe ein. Auch von Süden her versuchten die Franzosen laufend, den langen, vorgetriebenen Schlauch zu unterbrechen und die Deutschen vorn vollends abzuschneiden, die schon ihre letzten Granaten verschossen.

Doch da wurde endlich Munition nachgebracht, trafen einige Verstärkungen ein. So konnte man sich vorn halten, bis das ganze Kradschützenbataillon 7 und die Aufklärungsabteilung 37 auf der immer wieder vom Feind unterbrochenen und gesperrten Straße sich durchgeschlagen hatten. Ein wahres Wunder, daß die schwache, nicht mehr ausreichend versorgte und munitionierte Panzergruppe in ihrem „Igel" bisher vom Feind noch nicht erdrückt worden war.

Vom frühen Morgen bis zum Nachmittag des nächsten Tages standen Panzermänner, Aufklärer und Kradschützen vor Le Cateau in der Rundumverteidigung und wiesen alle feindlichen Gegenangriffe ab. Eineinhalb Tage lang behaupteten sie den erreichten Raum gegen starke Panzerangriffe und hielten in heftigem Artilleriefeuer ihre Stellungen.

36 Stunden lang hielten sie in ihrem „Igel" den Angreifern stand, die von allen Seiten dagegen anstürmten, bis

dann allmählich die ganze Division – Schützenregimenter, Pioniere und Artillerie – nachkam.

Rommel war während der ganzen Zeit mitten unter seinen Männern, beobachtete, spornte zum Aushalten an, griff leitend in die Abwehrkämpfe ein, wo es nottat, und holte zwischendurch seine Kommandeure zur Besprechung zusammen.

Noch während es diesen fraglich erschien, ob man sich hier überhaupt noch halten könne, sagte er: „Notieren Sie schon jetzt – nächstes Angriffsziel für morgen . . .“

Das war die Unternehmung Rommels und seiner Männer vom 16. und 17. Mai 1940.

Binnen acht Stunden hatten sie in einem Zug die verlängerte Maginot-Linie durchbrochen und einen rund 50 Kilometer tiefen, stellenweise nur 3–4 Kilometer breiten Keil durch den Gegner bis weit in das französische Hinterland getrieben.

Sie hatten der bereits hart angeschlagenen französischen 9. Armee den letzten Stoß versetzt, die Masse der französischen 18. Infanteriedivision gefangengenommen, die Restteile der 1. Panzerdivision ausgeschaltet, die 5. mot. Division in zwei Teile aufgespalten, die 1. nordafrikanische Division zersprengt sowie weitere starke französische Kräfte erfolgreich nach Norden abgedrängt.

Bei einem eigenen Verlust von 35 Gefallenen und 59 Verwundeten hatten sie 10 000 Gefangene gemacht, 100 Panzer und 30 Panzerspähwagen vernichtet und 27 Geschütze erbeutet.

Für die entscheidende Tat und seine persönliche Tapferkeit erhielt Generalmajor Rommel als Kommandeur der 7. Panzerdivision am 27. Mai 1940 das Ritterkreuz.

Im „Igel“ vor Le Cateau war Ruhe eingetreten.

Nur noch hin und wieder bellten Schüsse, krachten Granateinschläge. Wer nicht in den eilig geschanzten Schützenlöchern Posten stand, in den Panzern sicherte oder Spähtrupp ging, lag völlig ausgepumpt, erschöpft und mitgenommen für ein paar Stunden auf der blanken Erde in tiefem Schlaf.

Bald würde es weitergehen, in eine neue, schwere Schlacht hinein . . .

Krieg im Westen

Mai/Juni 1940. – Der Verlauf des Feldzuges gegen Holland, Belgien und Frankreich

Am Freitag, dem 10. Mai 1940, gab das Oberkommando der deutschen Wehrmacht offiziell bekannt: „Die deutschen Truppen haben heute um 5.30 Uhr die holländische, luxemburgische und belgische Grenze überschritten. Feindlicher Widerstand in Grenznähe wurde überall in scharfem Zugriff, vielfach in engstem Zusammenwirken mit der Luftwaffe, gebrochen . . .“

Dieser OKW-Bericht dokumentierte schlagartig das Ende der geradezu unnatürlichen Ruhe an der deutschen Westfront, die dort bis dahin monatelang geherrscht hatte, obwohl die Regierungen Großbritanniens und Frankreichs dem Deutschen Reich bereits am 3. September 1939 aufgrund der Polen gewährten Beistandsgarantie vom 31. 3. 1939 den Krieg erklärt hatten. Praktisch tatenlos hatten Polens damalige westliche Alliierte im Westen zugesehen, wie ihr hoffnungslos unterlegener Verbündeter in einem Blitzfeldzug von der deutschen Kriegsmaschine mit massivem Panzer- und Luftwaffeneinsatz überrollt, vernichtend geschlagen, als selbständiger Staat ausgelöscht und dann auch noch bevölkerungsmäßig und territorial zwischen dem nationalsozialistischen Deutschen Reich und der kommunistischen Sowjetunion aufgeteilt worden war.

Infolge der deutschen Kräftekonzentration gegen Polen konnten der durch die Mobilmachung auf volle Kriegsstärke gebrachten französischen Armee, die im September 1939 allein im nordöstlichen Teil Frankreichs sechzig Infanteriedivisionen, zwei Kavalleriedivisionen, zwei leichte Panzerdivisionen und zwei schwere Panzerbrigaden stehen hatte, nur relativ schwache Abwehrkräfte der Wehrmacht gegenübergestellt werden. Während der Dauer des Polenfeldzuges standen diesen französischen Kräften im Schutz des Westwalls nur 33 deutsche Infanteriedivisionen – davon elf aktive – gegenüber, die als Heeresgruppe C unter Generaloberst Wilhelm Ritter von Leeb (1876–1956) in drei Armeen gegliedert waren. Insgesamt verfügte der französische Generalissimus Maurice Gamelin (1872–1958) über 110 Divisionen – darunter allein 57 aktive Divisionsverbände – neben gepanzerten, mechanisierten und Kavallerieverbänden mit rund 3500 Panzerkampfwagen. Gegen diese hätte der Oberbefehlshaber der deutschen Westfront damals eine einzige deutsche Panzerdivision einsetzen können.

Aber in Frankreich war man damals noch weniger kriegsbegeistert als in Deutschland, und es war bei der Masse des französischen Volkes und seiner Soldaten nicht sonderlich populär, notfalls „für Danzig sterben" zu müssen. Dazu kam die im Prinzip defensive Grundhaltung der französischen Militärdoktrin, die aufgrund der Erfahrungen des I. Weltkrieges ganz auf Sicherheit und Verteidigung ausgerichtet war und in den gigantischen, für unüberwindbar geltenden Befestigungsanlagen der

Maginot-Linie ihren sichtbarsten Ausdruck gefunden hatte. Diese Verteidigungsfront, die in den Jahren 1929 bis 1932 für 2,9 Milliarden Franken errichtet worden war, bestand aus einem Geflecht von 150 km unterirdischer Gänge mit 39 Werkgruppen, 70 Bunkern, 500 Infanterie- und Artillerieblöcken sowie weiteren 500 Kasematten, Unterständen und Beobachtungstürmen. Sie wurde nach der Mobilmachung von nicht weniger als 21 Divisionen bezogen, die als Festungsdivisionen im Freien unbeweglich waren und von Basel bis Sedan wartend unter der Erde hockten. Beherrscht vom „Maginotdenken", verfiel die französische Führung einer verhängnisvollen Fehleinschätzung der militärischen Lage und sah auch für die nicht im stationären Festungseinsatz befindlichen Divisionen keine offensiven Aktivitäten vor.

Unter diesen Umständen beiderseitiger Zurückhaltung kommt es im Westen zunächst nur zu einer wenig ereignisreichen, merkwürdigen Form von Krieg, die als „Drôle de Guerre" (drolliger, seltsamer Krieg), als „Phoney War" (Scheinkrieg) oder Sitzkrieg in die Geschichte eingegangen ist: ohne größere Gefechte zwischen französisch-britischen und deutschen Truppen, mit gelegentlichen Patrouillen und Vorpostenplänkeleien zwischen Westwall und Maginot-Linie. Bezeichnend dafür ist, daß die französische Armee in jenen Wochen, als Polen unter den deutschen Blitzschlägen verblutete, nur etwa fünfzig Mann verlor. Und bis zum 10. Mai 1940 hatten die wechselseitigen Handstreiche den Deutschen dreitausend und den Franzosen gerade erst hundert gegnerische Gefangene eingebracht. Im privaten Tagebuch des Oberbefehlshabers der Heeresgruppe C, Generaloberst Ritter von Leeb, ist unter dem Datum des 6. 9. 1939 u. .a zu lesen: „Die Propaganda am Oberrhein hat doch gute Erfolge. Selbst Offiziere winken herüber. Plakate auf französischer Seite etwa ‚Bitte nicht schießen, wir schießen nicht!‘ beantworten wir mit: ‚Wenn ihr nicht schießt, schießen wir auch nicht!‘ “

Doch vor dieser Kulisse des Sitzkrieges bereiten sich schon bald schwerwiegendere Planungen, Entscheidungen und Aufmärsche vor. Nachdem das von Hitler den Regierungen Frankreichs und Englands in einer Reichstagsrede vom 6. 10. 1939 unterbreitete „Friedensangebot“ – wie erwartet – keine Gegenliebe gefunden hatte, wurde nun deutscherseits aufgrund der „Weisung Nr. 6 für die Kriegführung“ (Geheime Kommandosache) vom 9. 10. 1939 eine offensive Kriegführung im Westen vorbereitet. Die meisten hohen deutschen Generale sahen die Konsequenzen dieser „Führerweisung“ nur mit großen Bedenken auf sich zukommen. Das galt u. a. für den Oberbefehlshaber des Heeres, Generaloberst Walther von Brauchitsch (1881–1948) ebenso wie für den Chef des Heeresgeneralstabes, General der Artillerie Franz Halder (1884–1972) und Generaloberst von Leeb. Dieser schrieb dazu am 3. 10. 1939 in sein Tagebuch: „Alles deutet darauf hin, daß der Führer einen Angriff durch Belgien–Luxemburg, vielleicht Südteil Hollands, beabsichtigt. Der Franzose ist aber nicht zu überraschen. Er weiß genau, wenn der Deutsche angreift, muß er durch Belgien. Die Franzosen haben zirka sechzig Divisionen operativ frei. Überraschung nicht möglich. Unsere Blutopfer werden unendlich groß sein, und der Franzose wird doch nicht niedergerungen werden können. Ein Angriff gegen Frankreich wird nicht wie der Angriff gegen Polen geführt werden können, sondern langwieriger und äußerst verlustreich sein. Leider wird ja das Friedensangebot des Führers so sein, daß es die Engländer nicht annehmen werden. Darauf hat der Führer es wohl abgesehen. Wenn er dann angreifen will, dann tut er das, was die Franzosen sich wünschen, da sie dann selbst nicht anzugreifen brauchen."

Ritter von Leeb teilte mit den meisten älteren Generalskameraden die Ansicht, Deutschland könnte mit seiner überhastet aufgebauten Wehrmacht, die noch nicht über längere Zeit hinweg durch systematische, ungestörte Ausbildung zu einem einsatzfähigen Organismus zusammengewachsen war, zuwenig Aussichten auf einen durchschlagenden Erfolg haben. Man denke hierbei zum Beispiel daran, daß das deutsche Millionenheer 1939 mit insgesamt 89 079 Offizieren – Aktiven und Reservisten – in den Krieg zog, nachdem es sechs Jahre zuvor im Hunderttausend-Mann-Heer der Reichswehr nur 4000 Berufsoffiziere gegeben hatte. Auch materiell und hinsichtlich ihrer rüstungsindustriellen und rohstoffmäßigen Basis hielt die ältere Generalität die deutsche Wehrmacht den Westmächten, deren Kriegsvorbereitungsgrad sie überschätzte, für längst nicht gewachsen und sah schon aus all diesen Gründen – von politischen und moralischen Erwägungen abgesehen – Hitlers Entschlossenheit, einen offensiven Krieg im Westen zu wagen, als für Deutschland verhängnisvoll an.

Am 19. 10. 1939 lag der erste Offensivaufmarschplan des OKH (Oberkommando des Heeres) zum Westfeldzug („Fall Gelb") vor, der – ähnlich dem Schlieffenplan zu Kaisers Zeiten – darauf abzielte, mit einem Vorstoß des rechten Flügels der deutschen Armeen durch Belgien das rüstungswirtschaftlich wichtige Ruhrgebiet gegen alliierte Angriffe zu schützen und englandnahe Luft- und Flottenstützpunkte zu gewinnen. Im Grunde ging es hier um eine Teilentscheidung, deren Konzeption den damaligen Generalstabschef der Heeresgruppe A, Generalleutnant von Manstein (1887–1973) (in dem in- und ausländische Experten inzwischen den genialsten Strategen des II. Weltkrieges auf deutscher Seite sehen), dazu veranlaßte, einen eigenen Operationsvorschlag auszuarbeiten, der eine Westoffensive aus der Mitte der Front vorsah. Um diesen schließlich in einer Manstein-Denkschrift vom 6. 12. 1939 niedergelegten Alternativplan gab es damals eine hartnäckige Auseinandersetzung zwischen Manstein und seinem unmittelbaren Vorgesetzten, dem Oberbefehlshaber der später in der kriegsentscheidenden Frontmitte eingesetzten Heeresgruppe A, Generaloberst Gerd von Rundstedt (1875–1953), mit dem OKH (Brauchitsch) und dem Generalstab des Heeres (Halder). Das endete damit, daß der Mansteinplan verworfen, sein Verfasser aus seiner Position als Stabschef Rundstedts entfernt und mit der Führung eines gerade erst neu aufgestellten Armeekorps beauftragt wurde.

Der letzte Versuch von Brauchitschs, Hitler dazu zu bewegen, auf das in seinen Augen vorhandene „Risiko“ einer Westoffensive zu verzichten, scheiterte am 5. 11. 1939. Daraufhin wurde – entsprechend den Plänen des OKH und des Generalstabes – der 12. 11. 1939 als erster geplanter Angriffstermin für den „Fall Gelb“ festgesetzt, um dann bis zum Frühjahr 1940 nicht weniger als 29mal aus Witterungs- und anderen Gründen immer wieder verschoben zu werden. Immerhin erklärte Hitler am 23. 11. 1939 vor den Oberbefehlshabern der Wehrmachtsteile, der Heeresgruppen, Armeen und Luftflotten am 23. 11. 1939 als seinen „unabänderlichen" Entschluß: „Ich werde Frankreich und England angreifen zum günstigsten und schnellsten Zeitpunkt. Verletzung der Neutralität Belgiens und Hollands ist bedeutungslos. Kein Mensch fragt danach, wenn wir gesiegt haben."

Demgegenüber sah der französisch-britische Operationsplan vor, dem erwarteten Hauptstoß des deutschen Angriffs durch Belgien mit der Masse der alliierten operativen Kräfte in einer Auffangstellung entlang des Flusses Dyle (südlich von Antwerpen bis Nivelle) entgegenzutreten. Übrigens hatte die britische Expeditionsarmee unter General Sir John Gort (1886–1946), dem bisherigen Chef des Empire-Generalstabes und späteren Generalinspekteur der britischen Armee sowie Feldmarschall, bis zum Jahresende 1939 eine Stärke von 161 423 Mann erreicht.

Nachdem Hitler den Beginn der deutschen Westoffensive auf den 17. 1. 1940 festgesetzt hatte, kam es am 10. Januar zu einem unvorhersehbaren Zwischenfall, der die bisherigen Pläne hinfällig werden ließ. Ein mit den Luftwaffenmajoren Helmut Reinberger und Erich Hönsmann besetztes Kurierflugzeug verflog sich auf dem Weg von Münster nach Köln und mußte bei Mechelen in Belgien notlanden. Die beiden Insassen versuchten zwar, die mitgeführten Geheimpapiere – darunter die vierte Ausfertigung des Operationsplanes der Luftflotte 2 – vor dem Zugriff der belgischen Polizei durch Verbrennen zu retten, hatten aber damit keinen Erfolg. Es war also damit zu rechnen, daß über die entsprechenden belgischen Dienststellen die allergeheimsten deutschen Kriegspläne auch dem französisch-britischen Oberkommando bekannt würden. Dazu kam es dann auch, allerdings zweifelten die alliierten Generalstäbler und Spitzenmilitärs an der Richtigkeit dessen, was sie auf so merkwürdige Weise erfahren hatten. Sie witterten nämlich einen bewußten Täuschungsversuch dahinter und zogen deshalb keine Konsequenzen daraus.

Konsequenzen jedoch zog Hitler. Er befahl am 13. 1. 1940 die sofortige Einstellung aller bereits angelaufenen Aufmarschbewegungen und verfügte drei Tage später die endgültige Verschiebung der deutschen Westoffensive auf das Frühjahr 1940. Als „Sündenböcke" wurden der Befehlshaber der Luftflotte 2, General der Flieger Helmuth Felmy (1885–1965) – übrigens der Vater des bekannten Schauspielers Hans-Jörg Felmy – und sein Stabschef, Oberst i. G. Josef Kammhuber (Jahrgang 1896) – später von 1956 bis 1962 erster Inspekteur der Bundesluftwaffe –, ihrer Posten enthoben, da der Pechvogel Reinberger dem Stab Felmys angehörte.

Hitler entsann sich nun der Manstein-Denkschrift vom Dezember 1939 und bestellte am 17. 2. 1940 Manstein zu einer Besprechung über seine Vorstellungen von der Führung des Kampfes im Westen. Das Ergebnis davon war, daß Hitler sich wesentliche Gedanken Mansteins zu eigen machte, sie mit eigenen Ideen kombinierte und dann am nächsten Tag nach einer Aussprache mit Generaloberst von Brauchitsch und General Halder seine endgültige Entscheidung traf. Nach dieser rollte dann ab

10. Mai 1940 die deutsche Westoffensive planmäßig ab. Damit ging die berühmte „Sichelschnitt"-Operation in die Kriegsgeschichte ein.

Zwischendurch kam es am 20. 3. 1940 zu einem Regierungswechsel in Frankreich: Paul Reynaud (1878–1966) löste den bisherigen Ministerpräsidenten Edouard Daladier (1884–1970) ab. Unterstaatssekretär im Pariser Kriegsministerium wurde damals Oberst Charles de Gaulle (1890–1970), der – ähnlich wie Eimannsberger in Österreich, Fuller in England und Guderian in Deutschland – sich in seinem Land schon 1934 als Oberstleutnant mit seinem Buch „Vers l'armée de métier" („Frankreichs Stoßarmee") leidenschaftlich für die Schaffung einer starken, modernen Panzerwaffe als selbständige Waffengattung eingesetzt hatte. Sie sollte grundsätzlich aus Berufssoldaten bestehen und notfalls in der Lage sein, aus dem Stand heraus etwaigen deutschen Aktionen gegen Österreich, die Tschechoslowakei oder Polen offensiv entgegentreten zu können. Aber die oberste militärische und politische Führung Frankreichs war seinerzeit für de Gaulles fortschrittliche Ideen noch nicht reif. So besaß Frankreich zwar im Mai 1940 mehr Panzer als Deutschland (3500:3379), aber sie waren überwiegend auf 31 nicht zu Großverbänden zusammengefaßte Bataillone verteilt und sollten – wie auch die wenigen in Ausbildung und Ausstattung zum Teil noch unfertigen Panzerdivisionen (PD) – nicht als besondere, zu selbständigen Operationen fähige Waffengattung, sondern lediglich zur fallweisen Unterstützung der Infanterie eingesetzt werden. Gegenüber der veralteten Panzereinsatz- und -führungsdoktrin in Frankreich hatte Guderian dagegen in der deutschen Armee seine These für den Panzereinsatz in gemischten, vollmotorisierten Großverbänden („Nicht kleckern, sondern klotzen!") weitgehend durchsetzen können und damit der deutschen Wehrmacht im Kampf gegen die Westmächte einen feldzugsentscheidenden Vorteil gesichert. Zusammen mit dem massiven Einsatz der damals modernsten und stärksten Luftwaffe Europas und einer kühnen operativen Planung sowie gestützt auf die Kriegserfahrungen beim Blitzsieg über Polen, waren damit schon wesentliche Voraussetzungen eines deutschen Sieges auch über Frankreich und seine Verbündeten im Westen gegeben.

Die deutsche Führung hatte sich nunmehr zum Panzerdurchbruch aus der Mitte der Front heraus mit Stoß durch Luxemburg und über die Maas in den Rücken der gegnerischen Hauptkräfte entschlossen. Der Schwerpunkt lag beim Südflügel von Rundstedts Heeresgruppe A, bei der allein fünf von zehn damals vorhandenen deutschen Panzerdivisionen in der Panzergruppe Kleist zusammengefaßt waren. Darüber hinaus waren der im Nordabschnitt der Heeresgruppe operierenden 4. Armee des Generalobersten Günther von Kluge (1882 bis 1944) noch zwei weitere Panzerdivisionen zugeteilt, darunter die 7. PD – eine jener vier nach dem Polenfeldzug durch Umbildung aus den früheren „leichten Divisionen", die seinerzeitige Erwartungen nicht befriedigt hatten, hervorgegangenen neuen Panzerdivisionen. Diese Division, die während der 46 Tage des Westfeldzuges wegen ihres immer wieder überraschenden Auftauchens hinter den feindlichen Linien und weit vor der Masse der deutschen Infanteriedivisionen bald als „Gespensterdivision“ bekannt wurde, stand unter Führung des Pour-le-mérite-Ritters Generalmajor Erwin Rommel (1891–1944). Er war während der Kämpfe in Polen Kommandant des Führerhauptquartiers gewesen und genoß damals Hitlers besonderes Vertrauen.

Das Risiko des deutschen Überraschungsschlages durch massierten Panzereinsatz lag darin, daß die Ardennen als ein für Panzer kaum gangbares Gelände galten und für die eigenen Durchbruchskräfte die Gefahr einer langen offenen Südflanke drohte. Die aus der 4., 12. und 16. Armee sowie der Panzergruppe des Generals der Kavallerie Ewald von Kleist (1881–1954) bestehende Heeresgruppe, zu der auch das XIX. Panzerkorps unter Führung des Schöpfers und Ausbilders der jungen deutschen Panzerwaffe, General der Panzertruppe Heinz Guderian (1888–1954), gehörte, sollte mit ihren gepanzerten Kräften durch Luxemburg und Belgien hindurch die Maas im Abschnitt Dinant-Sedan überschreiten und danach – unter Absicherung ihrer Südflanke an Aisne und Somme – in den Rücken der französischen Hauptkräfte durchbrechen.

Nördlich von Rundstedts Verbänden war die von Generaloberst Fedor von Bock (1880–1945) befehligte Heeresgruppe B mit der 6. und 18. Armee unter den Generalen Walter von Reichenau (1884–1942) und Georg von Küchler (1881–1968) eingesetzt. Ihr war die Aufgabe des Einmarsches in Holland und Belgien gestellt, wobei durch Einsatz aller deutschen Luftlande- und Fallschirmtruppen sowie des Restes der Panzerdivisionen dem Gegner hier der Hauptangriff vorgetäuscht und die britisch-französischen Armeen nach deren Vorstoß nach Belgien frontal gefesselt werden sollten.

Die den südlichen Teil der deutschen Streitmacht bildende Heeresgruppe C des Generalobersten Ritter von Leeb, zu der Generaloberst Erwin von Witzlebens (1881–1944) 1. Armee und die 7. Armee mit General der Artillerie Friedrich Dollmann (1882–1944) an der Spitze gehörten, hatten sich zunächst an Oberrhein und Saar gegenüber der Maginotlinie weiterhin defensiv zu verhalten und die dortigen Feindkräfte durch mancherlei Täuschungsmaßnahmen zu fesseln. Zur Luftunterstützung der Heeresverbände war im Norden der Front die Luftflotte 2 unter General der Flieger Albert Kesselring (1885–1960) bestimmt, während der südliche Luftraum der Luftflotte 3 des Generals der Flieger Hugo Sperrle (1885–1953) zugewiesen worden war.

Am 10. Mai 1940 traten somit um 5.30 Uhr die deutschen Armeen mit 118 Infanterie- und 10 Panzerdivisionen, einer Kavalleriedivision, 4 motorisierten Infanterie- und 2 motorisierten SS-Divisionen sowie einer Fallschirmjägerdivision und insgesamt rund 2600 Panzerkampfwagen westwärts über die deutschen Grenzen überraschend zum Angriff an. Den sie unterstützenden 3634 Flugzeugen zweier Luftflotten standen nur 1303 französische, 160 holländische und belgische sowie 1150 britische Flugzeuge – davon etwa die Hälfte in Frankreich stationiert – gegenüber. Die alliierten Landstreitkräfte bestanden aus 119 Infanterie-, 11 Panzer- und 7 motorisierten Infanteriedivisionen mit insgesamt etwa 3000 Panzern.

Nach Frankreich erlebte nun auch England unter dem

Eindruck des Geschehens einen Regierungswechsel. Anstelle des für das Münchener Abkommen von 1938 auf britischer Seite verantwortlichen Premierministers Neville Chamberlain (1869–1940), der – wie sein französischer Kollege Daladier – durch Nachgiebigkeit gegenüber Hitlers territorialen Forderungen den Frieden sichern zu können glaubte, übernahm nun der energische, unerschütterlich streitbare Winston Churchill (1874–1965) in London die Führung eines Allparteien-Kriegskabinetts.

Die Überraschung sicherte den deutschen Truppen baldige Erfolge, denn nachdem die Westalliierten schon vorher immer wieder das Nichteintreffen der ihnen bekanntgewordenen deutschen Angriffstermine erlebt hatten, nahmen sie auch diesmal die ihnen zugegangenen Informationen über den nun wirklich endgültigen Termin nicht ernst. Das kleine Holland war der Wucht des deutschen Angriffs mit massiertem Luftlande- und Fallschirmjägereinsatz unter Führung des Schöpfers der deutschen Fallschirmtruppe, Generalleutnant Kurt Student (1890–1978), gegen Rotterdam, Den Haag, die Insel Dordrecht und die Brücke von Moerdijk sowie dem schnellen Vorstoß der 9. Panzerdivision unter dem aus der österreichischen Armee hervorgegangenen Generalleutnand Dr. Alfred Ritter von Hubicki (1887–1971) in Richtung Rotterdam nicht gewachsen. Bereits einen Tag nach einem Bombardement Rotterdams am 14. 5. 1940 kapitulierten die holländischen Streitkräfte. Dadurch wurde General von Küchlers 18. Armee für neue Aufgaben frei.

Nicht minder erfolgreich war Reichenaus gegen Belgien eingesetzte 6. Armee nach überraschendem Fallschirmjäger- und Pioniereinsatz am 10. 5. 1940 gegen das für uneinnehmbar gehaltene belgische Sperrfort Eben Emael zwischen Lüttich und Maastricht am Albertkanal und dem schnellen Vorgehen ihrer Panzerkräfte über Maas und Albertkanal. Dadurch wurde der Gegner verwirrt und über die deutsche Hauptstoßrichtung getäuscht. Das von General der Kavallerie Erich Hoepner (1882–1944) geführte XVI. AK (mot.) stieß mit der 3. und 4. Panzerdivision an Lüttich vorbei in den Raum nördlich von Namur vor. Hier kam es zu einer ersten Panzerschlacht mit zwei französischen leichten Divisionen, die am 14. 5. 1940 auf die Dyle-Stellung zurückgeworfen wurden. Schon dabei zeigte sich, daß die starre und formale französische Panzertaktik mit der althergebrachten Kampfführung aus frontfernen Stabsquartieren der wendigeren deutschen Panzerführung von vorn aus der Front heraus unterlegen war. Hinzu kam noch, daß die deutschen Panzer schneller waren und besser mit Funk ausgestattet als die zum Teil stärker gepanzerten französischen Kampfwagen.

Seit 7.30 Uhr am 10. 5. 1940 hatten die ersten französischen Vortrupps die belgische Grenze überschritten, und bald waren in den Ebenen zwischen den Felsen der Ardennen und den Poldern von Zeeland rund eine Million britischer und französischer Soldaten der von General Gaston Hervé Billotte geführten 1. Armeegruppe versammelt. Zu ihr gehörten im Nordwesten der Gesamtfront – von der Nordsee bis Longwy verteilt – vier französische Armeen unter den Generalen Henri-Honoré Giraud (1879–1949), Georges Blanchard, André Corap und

Charles Huntziger (1880–1941) sowie das britische Expeditionsheer unter Lord Gort. Die Frontmitte – von Longwy bis zum elsässischen Schlettstadt – hielten die drei Armeen der von General Gaston Prételat befehligten 2. Armeegruppe besetzt, mit den Generalen Charles Marie Condé, Réquin und Vicor Bourret als Armeeführern. Die gegenüber der 7. deutschen Armee (Dollmann) versammelte 3. Armeegruppe unter dem Kommando des Generals Georges Besson bestand aus der 8. Armee General Garcherys, welche die Pforte von Belfort abzudekken hatte, und der als Reserve für den Fall eines deutschen Einmarsches in die Schweiz gedachten 6. Armee unter Führung von General Robert Touchon.

Vom ersten Angriffstag an bekam – wie zuvor Belgien und Holland – auch Frankreich die deutsche Luftüberlegenheit zu spüren, die sich bis weit ins französische Hinterland auswirkte, wo strategische Ziele wie Flugplätze, Bahnhöfe, Eisenbahnknotenpunkte, Hafenanlagen, rüstungswichtige Betriebe und Truppenansammlungen mit Bomben und Bordwaffen angegriffen wurden. Bereits am 10. Mai 1940 fielen erste Bomben auf Frankreichs größten Mittelmeerhafen Marseille. Ab 17.5. waren auch die französischen Kanalhäfen Dünkirchen, Calais, Dieppe, Boulogne und Le Havre Ziele von Verminungen aus der Luft.

Der Hauptstoß der deutschen Landoffensive erfolgte im Abschnitt der 12. Armee des Generalobersten Wilhelm List (1880–1971) durch die aus fünf der zehn vorhandenen Panzerdivisionen bestehende Panzergruppe Kleist, die den Auftrag hatte, durch schnellen Zugriff Brückenköpfe über die Maas als Eingangspforten für die nachfolgende Infanterie in Besitz zu nehmen. Die luxemburgischen Grenzsperren bildeten dabei ebensowenig ein ernsthaftes Hindernis wie der belgische Grenzschutz, und der versuchte Widerstand französischer Kavallerie und belgischer Ardennenjäger im Bergland der Ardennen war bald gebrochen. Am 13. 5. 1940 war der Maasübergang bei Dinant und Sedan erzwungen und Lüttich in deutscher Hand.

Nach der Kapitulation Hollands am 15. 5. 1940 und dem Durchbruch von Verbänden der Heeresgruppe B durch die Dyle-Stellung am Tag darauf zeichnete sich ab 17. Mai mit dem Erreichen der Oise ostwärts von St. Quentin die Einschließung der französischen Ostarmee ab. In der Verteidigungsfront klafften Lücken bis zu hundert Kilometern. Nach dem für die deutsche Wehrmacht erfolgreichen Ende der Maas-Schlacht kam es bei vielen französischen Verbänden bereits zu deutlichen Auflösungserscheinungen. Hinter der Front mischten sich zivile Flüchtlingstrecks mit zurückgehenden Artilleriekolonnen, Krankenwagen, Trossen und Resten militärischer Formationen. Während sonst vielfach Befehle der oberen französischen Führung die kämpfende Truppe nicht rechtzeitig oder gar nicht erreichten, kam ausgerechnet ein Rückzugsbefehl des XI. Armeekorps bei dem Adressaten an und führte schließlich zur Auflösung und zum Zusammenbruch der 9. Armee. Ihr Befehlshaber, General Corap, wurde daraufhin abgelöst und durch General Giraud ersetzt. Als die Deutschen in Montcornet standen, war für sie der Weg nach Paris offen, denn dem Oberbefehlshaber Gamelin stand keine einzige Division mehr zur Verfügung, um diese Einfallstraße zu sperren. Wie es bei neuaufgestellten Panzerverbänden aussah, mußte Oberst de Gaulle erleben, als er am 15. Mai in Laon den Befehl über die 4. Panzerdivision (D. C. R.) übernahm. Was er antraf, war – nach einer Darstellung von Raymond Cartier – ein „Divisionsembryo“, bestehend aus einem Bataillon schwerer Panzer, zwei Bataillonen mittlerer Panzer und einer Artilleriegruppe. Die 4. D. C. R. verfügte jedoch über keine einzige Panzerabwehrkanone (Pak), über keinerlei Flugabwehr und auch nicht über motorisierte Infanterie. Damit konnte de Gaulle zwar mehrfach Vorstöße bis zu dreißig Kilometer hinter die deutschen Linien unternehmen und sogar einige Gefangene einbringen, aber keineswegs deutsche Panzergroßverbände an ihrem weiteren ungestümen Vorwärtsdrang hindern.

Die allgemein aussichtslose Lage, die verzweifelt kämpfende einzelne Verbände nicht mehr zu wenden vermochten, verlangte nach einem Wechsel im alliierten Oberbefehl. Dieser wurde nun am 19. 5. 1940 dem eilends aus Syrien herbeigeholten Armeegeneral Maxime Weygand (1867–1965) übertragen, dem einstigen Stabschef Marschall Fochs im I. Weltkrieg und späteren Generalstabschef und Generalinspekteur der französischen Armee. Zu diesem Zeitpunkt hatte die Panzergruppe Kleist mit der 2. PD bereits Abbéville an der Somme erreicht und die 6. Armee des Generalobersten von Reichenau die Schelde. Am 20. 5. 1940 standen erste Panzer Kleists an der Sommemündung, und schnelle Verbände der Generale Guderian und Reinhardt waren bis zur Kanalküste vorgestoßen. Damit waren alle nördlich dieses „Sichelschnittes“ befindlichen belgischen, britischen und französischen Kräfte von allen Landverbindungen abgeschnitten.

Am 21. 5. 1940 drehte die Panzergruppe Kleist nach Nordnordosten ein. Mit einem Operationsbefehl vom 22. Mai versuchte General Weygand, der 1920/21 als Berater Marschall Pilsudskis im Kampf gegen die Sowjetunion maßgeblich zum polnischen „Wunder an der Weichsel“ beigetragen hatte, noch einmal durch Angriffe über die Somme nach Norden und aus dem Einschließungsraum heraus nach Süden die Verbindung der alliierten Kräfte wiederherzustellen. Es kam jedoch nur zu Angriffen im Raum Arras, die von deutschen Verbänden zurückgewiesen werden konnten.

Als die Panzergruppe Kleist mit den Divisionen Guderians nur noch dreißig Kilometer von der wichtigen Hafenstadt Dünkirchen entfernt stand und sich anschickte, die Falle für das britische Expeditionskorps und seine französischen Verbündeten endgültig zuschnappen zu lassen, ereilte sie der für die daran unmittelbar beteiligten, eines baldigen großen Sieges gewissen Soldaten der vordersten deutschen Front unverständliche „Halt-Befehl“ Hitlers. Dieser Befehl hatte seine Gründe einmal in der Absicht, die Panzer für die zweite Phase des Frankreichfeldzuges zu schonen, sodann in der Vorstellung, daß das flandrische Polderland nach Hitlers infanteristischen Erfahrungen aus dem I. Weltkrieg für den Panzereinsatz ungeeignet sei, und schließlich in der Sorge um die durch den Weygandplan bedrohte Südflanke. Hinzu kam die Versicherung von Luftwaffen-OB Göring, er sei in der Lage, den eingeschlossenen Gegner allein mit seiner Luftwaffe zu vernichten.

In dieser Situation entschloß sich der englische Befehlshaber Lord Gort am 25. 5. 1940, der Weisung des Oberkommandierenden Weygand, nach Süden anzugreifen, nicht zu folgen. Als deutscherseits am 26. Mai die Heeresgruppe A (Rundstedt) das Wiederantreten der Panzerverbände über den La-Bassée-Kanal freigab, geschah dies mit der Maßgabe, daß Dünkirchen selbst nicht angegriffen, sondern nur artilleristisch bekämpft werden sollte. So begannen nun die Deutschen die eigentliche Schlacht um Dünkirchen gleichzeitig mit dem britischen Unternehmen „Dynamo", das die Einschiffung der eingeschlossenen alliierten Truppen vorsah, nachdem Kriegsminister Anthony Eden (1897–1977) Lord Gort die Genehmigung erteilt hatte, sich mit dem britischen Expeditionskorps auf Dünkirchen zurückzuziehen, und die Admiralität den Befehl zum Beginn der Evakuierung über Dünkirchen gegeben hatte. Als am 27. 5. 1940 die Einschiffung begann, gelang es der deutschen Luftwaffe trotz aller Anstrengungen nicht, die Durchführung dieser beachtlichen, für die künftige personelle Leistungsfähigkeit Großbritanniens entscheidende Operation zu verhindern.

Der eingeleitete Rückzug der Engländer und die krisenhafte Lage der französischen Streitkräfte ließen nun auch dem König der Belgier, Leopold III. (Jahrgang 1901), einen weiteren Widerstand seiner Truppen zwecklos erscheinen. So kam es am 28. 5. 1940 zur Kapitulation der belgischen Armee. Der König teilte ihr Schicksal der Gefangenschaft, während die Regierung sich nach London absetzte.

Am 4. 6. 1940 endete das Unternehmen „Dynamo" –

trotz des Verlustes der gesamten materiellen Ausrüstung des britischen Expeditionskorps – für Großbritannien erfolgreich: auf 848 Schiffen aller Größen konnten insgesamt nicht weniger als 338 226 alliierte Soldaten aus Dünkirchen abtransportiert werden, darunter 123 000 Franzosen. 85 Prozent der Gesamtstärke der Expeditionsarmee des Inselstaates blieben damit für die weitere Kriegführung erhalten. Verloren gingen bei dieser grandiosen Aktion – meist durch deutsche Luftangriffe – nur 72 Schiffe, darunter neun Zerstörer. Um 9.40 Uhr des 4. Juni 1940 wurde Dünkirchen von Einheiten der 18. Armee des Generalobersten von Küchler besetzt, die dabei noch 40 000 Franzosen gefangennahmen.

Nach dem blitzartig gelungenen Vorstoß der deutschen Panzerdivisionen bis zum Ärmelkanal, den für die Wehrmacht erfolgreich beendeten Schlachten in Flandern und im Artois sowie nach der als „Wunder von Dünkirchen" zu wertenden Rückführung der Masse der englischen Expeditionsarmee auf die heimischen Inseln begann – nach einer Umgruppierung der deutschen Streitkräfte – die als „Schlacht um Frankreich" in die Chronik des II. Weltkrieges eingegangene, für Deutschland nicht minder erfolgreiche zweite Phase des Westfeldzuges (5. bis 24. 6. 1940). Wieder überraschte der Beginn der deutschen Operationen gemäß „Fall Rot" das französische Oberkommando, indem der erst für den 10. Juni erwartete Großangriff an Somme und Aisne schon am 5. Juni 1940 um fünf Uhr morgens losbrach. Artilleriegranaten und Stuka-Bomben überschütteten die französischen Stellungen, und deutsche Panzer stießen weit ins Hinterland vor. Obwohl es der französischen

Führung noch einmal gelungen war, nach dem Verlust von 30 Divisionen – abgesehen von neun evakuierten britischen Divisionen – durch Zuführung von Truppen aus den Alpen und Nordafrika insgesamt 66 Divisionen an der Nordostfront aufzubieten, war die Lage für die Franzosen hoffnungslos. Die nüchterne Erkenntnis dieser Lage veranlaßte General Weygand bereits am 7. 6. 1940, der Pariser Regierung zu raten, unverzüglich um Waffenstillstand nachzusuchen. An der Situation änderte auch die Tatsache nichts, daß der dreiundsiebzigjährige General Weygand seine Truppen intelligenter und entschlossener führte als sein fünf Jahre jüngerer Vorgänger Gamelin und die dadurch positiv motivierten „Poilus“ (Spitzname der französischen Soldaten seit dem I. Weltkrieg; bedeutet: der „Unrasierte“ und sinngemäß auch soviel wie „tapferer Soldat“) vielfach hartnäckigeren Widerstand leisteten als zuvor.

Für den „Fall Rot“ hatte das deutsche Oberkommando des Heeres drei Hauptstoßrichtungen vorgesehen:

1. Die Heeresgruppe B und die Panzergruppe Kleist sollten die neugebildete alliierte Front, die von 49 Divisionen abgedeckte Weygandlinie, zwischen der Oise und dem Meer durchbrechen und über die Seine beiderseits Rouen vorgehen.

2. Die Heeresgruppe A, zu der auch die neugebildete Panzergruppe Guderian gehörte (mit 1., 2., 6. und 8. Panzerdivision sowie 20. und 29. ID [mot.]), sollte dann wenige Tage später aus dem Raum beiderseits Rethel angreifen und tief ins französische Hinterland vorstoßen.

3. Die Heeresgruppe C (ohne Panzertruppe!) sollte

erst nach erfolgreichen Angriffen der beiden anderen Heeresgruppen gegen die Maginotlinie, in der noch siebzehn Divisionen zurückgeblieben waren, vorgehen und sie zwischen Metz und Oberrhein durchbrechen.

Dieser OKH-Planung entsprechend durchstieß am 7. Juni die Heeresgruppe B des Generalobersten von Bock mit der 4., 6. und 9. Armee sowie der Panzergruppe Kleist und später auch der 18. Armee – unterstützt durch Kesselrings Luftflotte 2 – die an der Somme und unteren Seine improvisiert errichtete Weygandlinie. Am 8. 6. 1940 konnte Rommels 7. PD Rouen nehmen und gegen die Küste einschwenken. Einer eingeschlossenen britischen Division gelang es allerdings, sich mit Teilen nach Le Havre zu retten und sich dort zum Teil nach Cherbourg oder in ihre Heimat einzuschiffen. Schwierigkeiten hatte zunächst die Panzergruppe Kleist, aus ihren Brückenköpfen bei Amiens und Péronne hervorzubrechen. Sie konnte die geschickt angelegten, mit Minenfeldern ausgebauten und von den Franzosen zäh verteidigten Stellungen erst nach bisher ungewohnten Verlusten überwinden. Am 9. 6. waren Seine und Marne von Verbänden der Heeresgruppe B erreicht.

Danach trat am selben Tag Rundstedts Heeresgruppe A zur Offensive an der oberen Aisne und der Maas in allgemeiner Richtung Südost an. Dabei gingen hier als erste Welle nicht Panzertruppen, sondern Infanteriedivisionen über die Aisne vor. Erst am Morgen des 10. 6. folgten ihnen Guderians Panzersoldaten vom 39. AK (mot.) über eine nächtlich errichtete Kriegsbrücke und stießen an den feindlichen Stützpunken vorbei weit nach Süden vor. Bei französischen Gegenangriffen kam es zu einer zweistündigen Panzerschlacht, wobei die Geschosse der deutschen 3,7- und 2-cm-Kanonen sich als ungeeignet erwiesen, die Panzerwände der schweren französischen Kampfwagen zu durchschlagen. Durch das schnelle Nachziehen des 41. AK (mot.) der Panzergruppe Guderian gelang es jedoch, den Brückenkopf auf zwanzig Kilometer zu erweitern. Nun setzte Guderian seinen Panzern die Eroberung von Langres und Besançon zum Ziel. Der gleiche Tag brachte dann noch die Kriegserklärung Italiens an Frankreich und Großbritannien.

Das deutsche Oberkommando zog nun die vor der Somme liegengebliebene Panzergruppe Kleist heraus und setzte sie westlich der Panzergruppe Guderian ein. Am 11.6. 1940 – sieben Tage nach Angriffsbeginn – erreichten Kleists Vorausabteilungen die Marne. Am gleichen Tag eroberten deutsche Truppen Reims, die alte Krönungsstadt der französischen Könige. Die Regierung Frankreichs verlegte wegen der näherrückenden Front, der auch Millionen von Zivilisten auf Bahnstrekken und Landstraßen vergebens zu entfliehen suchten, ihren Sitz von Paris nach Tours. Was sich damals auf den französischen Straßen abspielte, beschrieb der Publizist Alfred Fabre-Luce bereits 1940 mit folgenden Worten: „Diesen ganzen Tag hindurch schwillt der Flüchtlingsstrom aus Städten und Dörfern an. Schon sind Millionen auf den Straßen. In ihren Autos oder hinter ihren Karren, so fliehen sie unter den Geschoßgarben und den Bomben der deutschen Flugzeuge. In ihren verstreuten Häusern wären sie verhältnismäßig sicher. Aber lieber scharen sie sich, dem feindlichen Feuer ausgesetzt, zu dichten Kolonnen zusammen. Diese Flucht ist Selbstmord. Manche erkennen im letzten Augenblick die Gefahr, lassen ihren vollgetankten Wagen stehen und wandern auf gedeckten Pfaden weiter, einem ungewissen Schicksal entgegen. Auf allen Straßen im Süden prallen diese Flüchtlingsscharen mit Armeen zusammen, die heranrücken, um ihre Heime zu verteidigen, halten sie auf und ziehen sie in ihr Gewühl hinein." Man schätzt, daß sich zum Zeitpunkt der Kampfeinstellung etwa ein Viertel der französischen Zivilbevölkerung irgendwie auf der Flucht befand.

In jenen entscheidenden Tagen Mitte Juni 1940 stattete der britische Premierminister Churchill Frankreich noch einmal einen zweitägigen Besuch ab, „um die Franzosen zu beschwören, den Krieg weiterzuführen". Damals wurden britische Soldaten übrigens nicht nur aus Le Havre nach England evakuiert, sondern auch Reste der 51. britischen Division – zusammen mit etlichen Franzosen, insgesamt 3321 Mann – in St. Valéry eingeschifft. Inzwischen mußte General Weygand eingestehen, daß er die „Schlacht um Frankreich" bereits für verloren hielt. Am 14. 6. 1940 kam es zur kampflosen Besetzung der von General Weygand zur „offenen Stadt" erklärten französischen Metropole Paris durch die zur 18. Armee gehörende 87. deutsche Infanteriedivision.

Mittlerweile war auch die Heeresgruppe C – wie geplant – gegen die Maginotlinie südlich von Saarbrücken angetreten. Am 15. 6. 1940 fiel auch die im I. Weltkrieg von den Deutschen trotz schwerster mehrmonatiger, blutiger Kämpfe unbezwungene Festung Verdun in deutsche Hand. In der Zeit vom 15. bis 18. 6. 1940 konnten die 52. Division und andere britische Einheiten in einer Gesamtstärke von 30 630 Mann praktisch kampflos ohne Verluste aus Cherbourg nach England zurückgeführt werden. Die 1. deutsche Armee überschritt am 16. Juni bei Colmar den Rhein. Zum selben Zeitpunkt unterbreitete die britische Regierung dem inzwischen nach Bordeaux weitergeflüchteten französischen Kabinett erfolglos den Vorschlag, eine Union zwischen den beiden verbündeten Ländern (mit gemeinsamer Staatsangehörigkeit, Wehrmacht und Regierung) zu bilden. Dabei ging es vor allem darum, die Kampfkraft der nicht unbedeutenden französischen Flotte für England zu sichern. Die erst knapp drei Monate im Amt befindliche Regierung Reynaud trat nunmehr zurück, woraufhin der vierundachtzigjährige Marschall Pétain, „Retter Verduns" im Jahre 1916, neuer Ministerpräsident der Dritten Französischen Republik wurde und seinerseits General Weygand als Kriegsminister in sein Kabinett berief.

In den folgenden Tagen kam es zu weiteren Evakuierungen englischer und anderer alliierter Soldaten vom europäischen Festland. Insgesamt wurden in den Operationen „Cycle" (französische Nordküste) und „Aerial" (Biskayaküste) zusätzlich zu „Dynamo" (Dünkirchen) nach England überführt: 144 171 Engländer und Kanadier, 18 246 Franzosen, 24 352 Polen, 4938 Tschechen und 163 Belgier – insgesamt 191 870 Mann.

Am 17. 6. 1940 hatte die Panzergruppe Guderian die Schweizer Grenze erreicht. Damit war die Masse der noch vorhandenen französischen Truppen in der Maginotlinie und in Lothringen durch Verbände der Heeresgruppe A (von Rundstedt) eingeschlossen. In diesem

Augenblick hielt es Marschall Pétain für seine Pflicht, über Spanien um deutsche Waffenstillstandsbedingungen zu bitten. Einen Tag später besetzten deutsche Truppen der Heeresgruppe B Le Mans und Cherbourg. Am gleichen Tag erklärte sich General de Gaulle in London zum „Führer der freien Franzosen“ und forderte seine Landsleute über den Rundfunk zur Fortsetzung des Kampfes auf. Wiederum einen Tag danach – am 19. 6. 1940 – wurden Brest und Nantes von deutschen Truppen besetzt. Gleichzeitig lief eine italienische Offensive an der Alpenfront an, bei der Italiens Kronprinz Umberto (Jahrgang 1904) Oberbefehlshaber war. Viel Erfolg war allerdings den Italienern nicht beschieden, denn nach der Einnahme des Forts Col Traversette und einem Vorstoß bis an den Ostrand von Mentone lief sich ihr Angriff an der französischen Hauptstellung in den Alpen tot und kam bis zum Waffenstillstand nicht mehr in Bewegung. Nachdem die Regierung Pétain am 20. 6. 1940 auch an Italien eine Waffenstillstandsbitte gerichtet hatte, kam es am 22. 6. 1940 zum deutsch-französischen Waffenstillstand in jenem historischen Eisenbahnsalonwagen von Compiègne, in dem am 8. November 1918 Matthias Erzberger (1875–1921), Führer der damaligen deutschen Waffenstillstandskommission, von dem französischen Marschall und Generalissimus der alliierten Armeen Ferdinand Foch (1851–1929) die seinerzeitigen harten Waffenstillstandsbedingungen entgegengenommen und am 11. 11. 1918 unterzeichnet hatte.

Den wesentlichen Inhalt des deutsch-französischen Waffenstillstandes vom 22. 6. 1940 bildeten folgende Punkte:

- Besetzung Frankreichs durch deutsche Truppen bis zur Linie westlich und nördlich von Genf–Dôle–Tours–Mont de Marsan–spanische Grenze, womit die gesamte Kanal- und Atlantikküste in deutsche Hand fiel.
- Abrüstung der französischen Wehrmacht bis auf 100 000 Mann und großer Teile der Flotte, der eine Auslieferung an den bisherigen Gegner erspart blieb.
- Fortbestand der französischen Regierung und damit eines französischen Staates im unbesetzten Teil Frankreichs mit Sitz in Vichy.

Eine Folge dieses Vertrages waren die sofortige Kapitulation von 500 000 französischen Soldaten im Raum Nancy–Belfort und die Räumung der bisher noch unbezwungenen Werke der Maginot-Linie. Weitere 12 000 Franzosen und 16 000 Polen entgingen der Kapitulation durch Übertritt in die neutrale Schweiz. Dem deutsch-französischen Waffenstillstand folgte am 24. 6. 1940 ein entsprechendes italienisch-französisches Abkommen in Rom.

Am 25. 6. 1940, 1.35 Uhr – am 46. Tag nach Beginn des Westfeldzuges – schwiegen in Frankreich die Waffen. Damit endete der Westfeldzug 1939/40, in dem 27 074 deutsche Soldaten und 121 000 Franzosen gefallen waren. Rund 111 000 deutschen Verwundeten standen etwa 200 000 verwundete Franzosen gegenüber. 1,9 Millionen französische Soldaten waren in Kriegsgefangenschaft geraten. Die Zahl der Kriegstoten bei Frankreichs Verbündeten während der Kämpfe im Westen belief sich auf 3000 Holländer, 7000 Belgier und 3500 Engländer.

Am 28. 6. 1940 wurde General de Gaulle durch Großbritannien als „Führer aller freien Franzosen" anerkannt. Der deutsche Staatschef Adolf Hitler stand auf der Höhe seines Triumphes, als er am 19. 7. 1940 vor dem Deutschen Reichstag einen erneuten, aber wiederum abgelehnten Friedensappell an England richtete und im Rahmen dieser Reichstagssitzung die Beförderungen Görings zum Reichsmarschall und weiterer zwölf Generalobersten und Generale zu Generalfeldmarschällen bekanntgab. Der grandiose Sieg im Westen hatte Hitlers Politik und Kriegsentscheidungen vor aller Welt – innerhalb und außerhalb Deutschlands – vorerst einmal eindrucksvoll bestätigt und offenkundig bezeugt, daß der militärische Dilettant Hitler gegenüber seinen fachkundigen militärischen Beratern mit ihrem zweifelnden Pessimismus recht behalten hatte. Das erlaubte es der Goebbelspropaganda, Adolf Hitler zum „größten Feldherrn aller Zeiten" („Gröfaz") hochzustilisieren, steigerte dessen Abneigung und Geringschätzung gegenüber dem Generalstab und der Generalität und führte dazu, daß er künftig auf den Rat der militärischen Fachleute noch weniger hörte als zuvor.

Dr. Gerd F. Heuer